AF499977

LA TERREUR.

41
2141

Beaugency. — Typ. de Gasnier.

LECTURES POUR TOUS.

LA TERREUR

PAR

L'ABBÉ PIOGER.

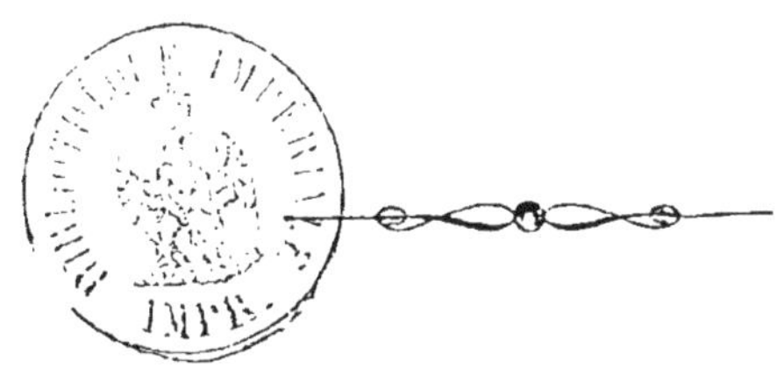

PARIS
C. DILLET, LIBRAIRE-ÉDITEUR
15, RUE DE SÈVRES, 15

1861

AVERTISSEMENT DE L'ÉDITEUR.

Les derniers témoins oculaires du grand drame que nous déroulons ici vont disparaître ; seuls, les octogénaires, alors enfants, peuvent dire aujourd'hui : Nous avons vu la Terreur ! Encore un peu de temps, et personne ne sera plus là pour raconter ces scènes horribles qu'il importe à l'instruction des âges futurs de connaître dans toute leur hideuse vérité. Nos arrière-neveux auront peine à croire qu'elles aient pu se passer dans notre France civilisée. Cependant, l'histoire, dénaturée par des écrivains passionnés, est mal connue de la multitude, et les sources les plus sûres ne sont pas à sa portée. M. l'abbé Pioger a donc fait un travail utile en rassemblant dans un volume succinct, d'une propagande facile, les faits les plus frappants de la sanglante époque qu'il importe de faire connaître sous son vrai jour : Cette connaissance doit faire partie de toute saine éducation. L'auteur avait formé ce recueil pour ses élèves, et nous l'offrons à tous pour prévenir plus d'une erreur et rectifier plus d'un faux jugement.

LA TERREUR.

Attentat du 10 août 1792.

Le danger avait été prévu depuis si longtemps, que la cour, résidant aux Tuileries, avait cherché à réunir le peu de moyens de défense qu'elle avait à sa disposition. Tout son espoir portait sur les gardes suisses, dont la fidélité allait jusqu'au plus héroïque dévouement. L'Assemblée, ayant voulu enlever ce secours au roi, avait ordonné que la garde suisse s'éloignât de Paris. Les ministres avaient saisi différents prétextes pour reculer l'exécution de cet ordre ; mais ils n'avaient

1

pas osé faire arriver à Paris la moitié de ce corps qui était à Courbevoie, tant on redoutait d'autoriser les alarmes du peuple sur les intentions prétendues hostiles de la cour. On regrettait actuellement d'avoir eu cet excès de timidité.

Les cours et les postes principaux des Tuileries étaient occupés par trois ou quatre cents Suisses. Avant même que le tocsin ne sonnât, quelques compagnies de grenadiers de la garde nationale étaient accourues au château. Ils étaient animés du désir de prouver, dans ce jour, leur zèle pour le roi. L'intérieur du château était encore rempli par sept ou huit cents royalistes qui avaient dédaigné de se faire inscrire dans la garde nationale. Chacun s'était armé de sabres, de fusils, de pistolets. On remarquait parmi eux beaucoup d'anciens militaires, ce qui restait encore de l'ancienne garde du roi, et quelques débris de la garde constitutionnelle que l'Assemblée avait licenciée. Le roi reconnut avec attendrissement plusieurs de ceux qui avaient eu autrefois des grades les plus élevés. Le vieux maréchal de Mailly parut, et sur-le-champ un vœu unanime lui déféra le commandement de cette troupe de gentilshommes. Ils entouraient la famille royale et semblaient trouver leur consolation à lui donner ce dernier témoignage d'amour et de fidélité : l'étiquette de la cour fut presque conservée au château dans cette nuit désastreuse du 9 au 10 août. On cherchait à flatter le roi d'une victoire certaine, mais la consternation qui était au fond de son âme se lisait sur son visage. La reine montrait de la sérénité et du courage. Madame Élisabeth, le cœur dévoré de crainte, se contraignait assez pour exprimer et pour inspirer la confiance. Dans un moment d'enthousiasme, il fut proposé de ne pas se tenir sur la défensive, d'aller au-devant des insurgés, de couper en différents endroits leurs colonnes et de les faire poursuivre par la gendarmerie à cheval; mais le roi n'approuva pas longtemps un parti aussi téméraire. A chaque instant des membres de la municipalité ou du département se présentaient au château et peignaient des dangers toujours croissants. Pétion, maire de Paris, y parut. On s'écria qu'il fallait se saisir d'un homme si cher au peuple et le faire servir d'otage aux jours du roi. On ignorait avec quelle facilité et quelle complaisance les principaux conjurés eussent sacrifié un homme qui leur était déjà odieux. On songea à tirer d'un si important prisonnier un parti utile en lui proposant de signer un ordre aux troupes et de repousser la force par la force : il fit une faible résistance : il signa.

Cependant l'Assemblée législative avait repris sa séance, au bruit du tocsin qui se répandait de tous côtés. Ses premières sollicitudes furent pour Pétion. Voulant l'arracher à ceux qui le retenaient, elle lui ordonna de se présenter à l'Assemblée pour y rendre compte de la situation de Paris. Les plus emportés voulaient braver cet ordre ; le roi craignit d'irriter par un refus l'Assemblée législative. Les défenseurs du château rendaient donc la liberté à leur prisonnier. « Il est temps que le roi se montre, criait-on de toutes parts; qu'il vienne enflammer le zèle de ces compagnies de gardes nationales qui accourent pour sa défense, et qui déjà remplissent le jardin et les cours. » Louis se mit en marche pour cette revue : il était accompagné de Rœderer et de deux autres membres du département, de quelques-uns de ses ministres et de plusieurs militaires. Il trouva au premier poste les compagnies les plus affidées, qui le reçurent avec acclamation ; mais à mesure qu'il s'avança vers de nouveaux bataillons, un morne silence le glaça d'épouvante; il entendit retentir tous ces mots que des journalistes sans frein et sans pudeur avaient appris au peuple. Les canonniers surtout éclatèrent en menaces. Bientôt le roi n'ose plus continuer cette fatale revue. Il consulte Rœderer; il le conjure d'indiquer un moyen de salut. Celui-ci ouvre alors le conseil d'abandonner un projet de défense inutile, et croit qu'il n'est plus qu'un asile où les jours du roi soient encore en sûreté, c'est l'Assemblée nationale. —Eh quoi ! dit Louis, tous les fauteurs de l'insurrection n'y siègent, n'y dominent-ils pas? — Quels que soient leurs opinions et leurs sentiments, répond Rœderer, il n'en est aucun qui ne frémisse d'une catastrophe tragique, dont il est impossible de calculer les suites désastreuses; ils vous rendront grâces de l'avoir évitée. — Puissent-ils se souvenir, dit le roi, que nul sacrifice ne m'a jamais coûté pour empêcher l'effusion du sang.

Ce départ cependant n'était pas sans danger; ce fut à travers une foule hostile, qui proférait des imprécations et des menaces de mort, que le roi et sa famille parvinrent non sans peine au milieu de l'Assemblée. « Je suis venu, dit-il, pour éviter un grand crime, et je pense que je ne saurais être plus en sûreté qu'au milieu de vous, messieurs. » Il s'assied à côté du président. Chabot fait observer que la constitution interdit toute délibération en présence du roi. Sa Majesté se place dans la loge du logographe, et reste quinze heures dans cette étroite cellule : il y entend des pétitionnaires demander sa déchéance; une discussion s'engage sur cet affligeant sujet. L'Assemblée prononce sa suspension et la convocation d'une convention nationale destinée à statuer sur son sort. Il était entré dans l'Assemblée monarque et libre, et il en sortit simple citoyen et prisonnier. C'est alors que lui et sa famille furent enfermés au Temple où ils déployèrent, comme on sait, la plus héroïque résignation et les plus sublimes vertus.

Pendant la nuit du 9 au 10 août la masse des insurgés s'était grossie.

L'aube du jour vient éclairer deux meurtres qui commencèrent cette longue suite de carnage. Une femme, une furie, Théroigne de Méricourt, qui déjà avait manifesté sa fureur révolutionnaire dans une précédente circonstance, se met à la tête des assassins et déchire de ses propres mains un jeune homme nommé Suleau, dont la plume satirique s'était exercée à ses dépens. Mandat, commandant de la garde nationale, tomba frappé d'un coup mortel. On dépouille son cadavre et l'on trouve sur lui l'ordre signé par Pétion de repousser la force par la force. Robespierre et Danton créent une nouvelle commune, plus féroce que la première; elle agit en souveraine et dirige l'insurrection. Les Marseillais sont à la tête. Les assaillants sont munis de canons: à neuf heures du matin les portes des Tuileries sont enfoncés; sept cent gardes suisses ont beau faire une défense héroïque, ils sont massacrés avec des circonstances atroces, mais ils ont vendu chèrement leur vie. C'était un droit de légitime défense, néanmoins on les appelle assassins du peuple, l'injustice populaire (comme toujours) rend le roi responsable de tout le sang répandu. Louis montre déjà sur ses traits la résignation d'une victime; Marie-Antoinette montre encore la dignité du trône et du malheur. Cependant on voudrait faire cesser un massacre qui semble n'avoir plus de terme. L'Assemblée décrète que les Suisses sont sous la sauvegarde de la loi et des vertus hospitalières du peuple, mais les passions populaires étaient trop déchaînées pour qu'elle put les contenir. Quelques actes de dévouement font cependant contraste avec ces fureurs atroces. La nuit seule put mettre fin à ce long carnage. Le lendemain, les statues de Henri IV, de Louis XIII, Louis XIV et Louis XV sont mises en pièces, et désormais domine dans Paris et dans toute la France le sanglant régime de l'anarchie justement appelé le règne de la Terreur.

Les Septembriseurs.

Le 2 septembre 1792, à deux heures précises, la générale bat, le toscin sonne, le canon d'alarme se fait entendre. La plupart des habitants de Paris, craignant de n'avoir plus de sûreté dans leurs maisons, vont chercher un asile dans leurs sections. La peur qui les y a conduits, les y tient renfermés. Une foule de jeunes gens, quelques vieillards mêmes s'enrôlent pour marcher contre l'ennemi. Chacun vient apporter ses armes, tout semble respirer l'enthousiasme militaire; on ne songe qu'à sortir de Paris. On va affronter les plus formidables armées; on n'ose braver les coups de quatre cents assassins. Les vainqueurs et les vaincus du 10 août se placent sous la même bannière ; on affecte d'ignorer la scène sanglante qui se prépare ; on ose à peine en parler au moment où elle s'exécute. Tant de victimes menacées paraissent n'avoir plus ni parents ni amis.

Déjà les assassins sont aux portes des prisons. Leur premier rassemblement s'est formé autour de la commune. Là, un comité de surveillance, où préside l'atroce Marat, donne des instructions à la troupe des sicaires, et cherche par des calomnies absurdes à combattre les derniers restes de pitié qui pourraient se trouver encore dans leurs cœurs. Robespierre, Billaud-Varennes, Collot-d'Herbois, les haranguent tour à tour. « Peuple magnanime et bon, dit ce dernier, tu vas à la gloire, tu marches à la mort. Malheureux que nous sommes de ne pouvoir te suivre au théâtre des combats; tu nous laisses au milieu des conspirateurs et des traîtres. Comme leur audace va s'accroître quand ils ne verront plus dans Paris les vainqueurs du 10 août ! Ah ! du moins, ne nous laissez pas responsables du meurtre de vos femmes, de vos enfants que les conspirateurs préparent jusques dans les prisons que leurs complices vont bientôt leur ouvrir. » On répond à cet atroce discours par ces cris : Qu'ils périssent ! La mort ! la mort ! — La commune distribue aux assassins des liqueurs fortes, et ces poisons fermentés allument dans leurs veines la soif du sang. Elle distribue de l'argent et des assignats (papier monnaie) à ceux dont la cruauté n'était pas suffisamment excitée par le fanatisme. Ils traversent les rues de Paris, ils les font retentir de chants féroces. Ils se portent d'abord à la prison des Carmes. Là se trouvaient deux cent cinquante prêtres; plusieurs avaient été arrêtés la veille, au moment où ils sortaient de Paris pour obéir à la cruelle loi de déportation que l'Assemblée législative avait rendue contre eux depuis le 1er août. On remarquait parmi eux l'archevêque d'Arles recommandable par ses vertus les plus pures et la piété la plus douce, ainsi que les évêques de Beauvais et de

Saintes. Déjà ils entendent les cris des assassins et se préparent à mourir avec la résignation des martyrs. Rassemblés autour de l'autel, ils implorent le pardon du ciel pour les meurtriers qui les entourent. Plus de gémissements, plus de troubles ; l'archevêque d'Arles leur récite les prières des agonisants, ils y répondent. Un calme céleste a passé dans leurs âmes. Quelques-uns avaient médité des moyens d'évasion, que des voisins leur avaient indiqués. Ils s'apprêtaient à fuir ; déjà ils étaient hors de danger ; bientôt ils se reprochent de s'être soustraits à la mort qui attend leurs compagnons ; ils reviennent au milieu d'eux. Les assassins entrent et se pressent de massacrer pour n'être pas émus par ce spectacle touchant. Quelquefois cependant ils veulent mettre à l'épreuve ces vénérables prêtres ; ils leur offrent la vie, sous la condition de prêter le serment que leur conscience réprouve ; tous s'y refusent. Les octogénaires ne sont point respectés et n'obtiennent pas même la faveur de mourir les premiers. Plusieurs curés de Paris, qui, dans le cruel hiver de 1789, avaient su, par les plus ingénieuses inventions de la charité, nourrir un peuple innombrable, furent égorgés par quelques-uns de ceux à qui ils avaient distribué des secours !... Je ne décrirai point les horribles tortures qu'on leur fit subir ; deux ou trois seulement échappèrent.

Passant, quand vous rencontrerez rue de Vaugirard, à l'angle de la rue d'Assas, un monument situé au fond d'une vaste cour et recouvert d'un dôme, arrêtez-vous, saluez avec respect, ou plutôt venez vous agenouiller sur ces dalles vénérées, car ce sol sacré a bu le sang des martyrs, et ce sang crie encore miséricorde pour la coupable France!

Les prisons de la Force et de l'Abbaye sont investies à la fois. Il se forme dans les cours un horrible tribunal; quelques-uns des assassins se transforment en juges. Les prisonniers étaient amenés devant eux; ils consultaient le registre des écrous; rarement ils écoutaient quelques mots de justification; ils cherchaient encore à aggraver le supplice de ces malheureux par la plus féroce ironie. Quand ils les envoyaient à la mort, ils prononçaient seulement ces mots : *Elargissez monsieur*. Le signal d'absolution était le cri de : *Vive la Nation!* Tous les officiers suisses qui se trouvaient à l'Abbaye furent massacrés. Un d'eux, nommé Reding, qui était au lit par suite des blessures qu'il avait reçues dans la journée du 10 août fût traîné dans la rue pour y recevoir le coup de la mort. Un jeune homme nommé Maussabré, s'était caché dans une cheminée; le barbare geôlier l'appelle, le découvre, tire sur lui un coup de pistolet et l'étouffe avec un feu de paille. Il fut donné à un petit nombre de prisonniers de conserver quelque sang-froid dans ses affreux moments. Des hommes très-signalés trompèrent leurs bourreaux en affectant leurs formes et leur ton. Un zèle héroïque poussa des amis, des parents, des domestiques à se mêler au milieu des assassins, à fraterniser, à boire avec eux; et quand le prisonnier, objet de leurs sollicitudes, paraissait devant le tribunal de mort, des cris de grâce s'élevaient tout à coup en leur faveur, et les juges entraînés, répétaient *grâce!* Des commissaires de sections parurent, traversèrent une voûte de piques, de sabres, de massues, pour venir réclamer des citoyens qui, presque tous, leur furent rendus. Grand Dieu! les sections sont assemblées, elles délibèrent, elles se bornent à présenter quelques pétitions aux assassins! Cependant qui n'admirera pas le dévouement des hommes intrépides qui acceptèrent de pareilles missions? L'ami malheureux du plus malheureux des rois, l'ex-ministre Montmorin, fut une des premières victimes; son frère, vainement absous par le tribunal, périt avec lui. Le ministre d'Abancourt, le commandant de la gendarmerie Rulhières, le jeune Rohan-Chabot, neveu du duc de la Rochefoucault, plusieurs magistrats, quelques juges de paix, d'anciens gardes du roi, de vieux militaires, des écrivains courageux, plusieurs hommes enfin, recommandables par leur modération, furent frappés, déchirés, mutilés....

Cependant il y eut aussi plusieurs délivrances, et l'on vit les plus sublimes vertus, les plus tendres sentiments briller au milieu de tant de crimes. Nous en signalons plus loin divers faits touchants.

Un petit nombre de femmes périt dans ces funestes journées du 2 au 6 septembre. Leur aspect semblait émouvoir ces tigres; cependant madame de Lamballe avait été trop désignée aux bourreaux pour leur échapper. Amie de la reine dans ses jours de bonheur, elle fut aussi sa compagne fidèle et dévouée dans ses longues calamités. C'était chez elle que se rassemblaient souvent ceux en qui le roi avait le plus de confiance. On l'avait su ; les journaux et la tribune avaient retenti de cette accusation qu'on avait extrêmement envenimée. Menacée de la proscription, elle n'avait point songé à fuir ; elle espérait être enfermée avec la reine, et lui donner toutes les consolations de l'amitié. Elle ne goûta pas longtemps cette faveur ; elle fut enfermée à la Petite-Force. La haine atroce du duc d'Orléans la suivait. Cependant, dès que les assassins la virent, ils parurent oublier les ordres qu'ils avaient reçus ; d'autres accourent, pressent davantage ceux-ci et leur rendent toute leur cruauté. On l'accable d'invectives, et, pour la tourmenter encore plus, on couvre d'opprobres le nom de la reine. On veut qu'elle répète ces outrages. *Non, non, jamais !* répond-elle avec énergie. Au même instant elle fut mise en pièces. Un de ses domestiques, qu'elle avait comblé de bienfaits, lui porte les premiers coups. Sa tête est portée au bout d'une pique ; on conduit cet horrible trophée devant le palais du duc d'Orléans ; le monstre se lève de table pour venir se repaître de ce spectacle. Ses convives jettent un cri d'horreur, il leur répond par un sourire féroce.

Achevons et tâchons de poursuivre cet horrible récit. Cette tête fut aussi portée devant le Temple, prison de la famille royale. Au bruit affreux qui retentissait aux environs, le roi s'émeut. Un commissaire de la commune, qui se trouve près de lui, a la barbarie de l'inviter, de lui ordonner même de paraître à la fenêtre; un autre, saisi d'horreur, l'arrête au moment où il se lève : N'allez pas, n'allez pas, s'écrie-t-il, c'est la tête de madame de Lamballe. Louis a de la peine à recouvrer ses sens et cherche encore à cacher cette affreuse catastrophe à sa famille. Depuis il fut interrogé sur cette circonstance, et sur le nom des deux membres de la commune. Je ne me souviens plus, répondit-il, que du nom de celui qui m'a empêché d'aller à la fenêtre.

Quatre ou cinq mille prisonniers périrent dans ces odieux massacres de septembre.

Anges et Bourreaux.

Ce sont les grandes persécutions qui révèlent les grands courages ; à côté de l'esprit du mal plane toujours le génie de la vertu. Je veux vous montrer des anges, brillant d'une splendide auréole au milieu de ces scènes désastreuses, si justement exécrées par tous les honnêtes gens, à quelque opinion qu'ils appartiennent.

Le 2 septembre 1792, déjà les prisons regorgeaient de tout ce qu'il y avait de plus respectable, lorsque, sur l'ordre de Danton, l'émule de Robespierre, la populace se rue sur les prisons pour y égorger tout d'un coup ceux dont les têtes paraissaient tarder trop à tomber. Les prisons de la Force et de l'Abbaye, qui n'existent plus aujourd'hui, renferment un grand nombre de ces malheureux qui y sont entassés. L'église des Carmes, aujourd'hui rendue au culte, renferme deux cent cinquante prêtres, arrêtés la veille. Ces trois prisons sont le théâtre des plus atroces massacres. Au milieu de ces sanglantes boucheries, qui révoltent l'humanité, on constate quelques faits consolants. L'abbé Sicard, instituteur des sourds et muets, voué à la mort, est réclamé par ses élèves. Un horloger, nommé Monnot, le couvre de son corps au moment où on allait l'immoler. Moins heureuse que lui, l'illustre princesse de Lamballe, l'amie de la reine, est mise en pièces pour avoir refusé de maudire sa bienfaitrice, et sa tête est portée au bout d'une pique. C'est en ce jour que se signalèrent les deux héroïnes de l'amour filial, dont nous voulons principalement parler, mademoiselle Cazotte et mademoiselle de Sombreuil.

Jacques Cazotte était octogénaire ; c'était un écrivain distingué par la vivacité et l'originalité de son esprit. Tout mérite était un titre de proscription, et Cazotte avait été incarcéré à l'Abbaye. Sa fille Elisabeth, l'enfant de sa vieillesse (elle n'avait que seize ans), avait insisté pour partager sa détention, lorsqu'on était venu l'arrêter dans sa paisible retraite de Pierry, en Champagne, où il s'était confiné pour mieux se livrer à ses goûts littéraires et à l'éducation de cette fille chérie.

Après une semaine de douleurs, entremêlées des consolations que le père et la fille trouvaient dans leur affection mutuelle, arriva le 2 septembre.

Pour vous donner une idée de ces excès révolutionnaires, qu'on ne saurait trop flétrir, nous voulons vous offrir une esquisse de ce qui se passa ce jour-là à la prison de l'Abbaye.

Une populace ivre de vin, altérée de sang, brisa les portes de la prison; alors prenant possession de la place, elle se forma en tribunal dérisoire, et fit comparaître devant elle les détenus, qui pressentaient que leur dernière heure allait sonner. Par un singulier raffinement de cruauté, Maillard, celui qui présidait ce tribunal improvisé, ne prononçait aucun arrêt de mort: il feignait d'écouter la défense de l'accusé, et quand celui-ci avait fini de parler, Maillard disait avec un sourire: « Que l'on conduise le citoyen à la Force, je vois bien qu'il n'a été amené ici que par erreur. » Le malheureux, chez qui l'espérance venait de naître, sortait de la salle qui servait de chambre de justice. On le conduisait jusque sous le premier guichet de la prison; mais à peine avait-il mis le pied dans la cour qu'il tombait sous les coups des assommeurs, postés là par ce même Maillard pour exterminer tous ceux qui dépassaient le seuil du guichet. Lorsque Cazotte comparut devant le tribunal, Maillard l'écouta silencieusement, comme il avait écouté tous les autres accusés. Elisabeth, qui se trouvait auprè de son père, prit la parole à son tour pour raconter leur existence si simple et si véritablement étrangère à toute intrigue politique. Le président la laissa parler; ensuite il dit au vieillard: « C'est bien, citoyen, votre justification est entendue, on y fera droit; mais on va préalablement vous conduire à la Force. » Elisabeth pousse un cri de joie, et pendant qu'elle se tourne vers Maillard pour le remercier, on a déjà emmené son père qui arrive sous le fatal guichet. S'élancer après lui, renverser tous les obstacles, c'est pour elle l'affaire d'un instant. Elle le couvre de son corps, le dispute à ses assassins, ou veut mourir avec lui. Émus de tant de courage filial, ces barbares se laissent attendrir et font grâce au vieillard. Le père et la fille sont emmenés comme en triomphe.

Ainsi qu'Elisabeth Cazotte, mademoiselle de Sombreuil, fille du gouverneur des Invalides, avait aussi voulu accompagner son père dans la prison. Rien n'avait pu la décider à sortir de cet horrible lieu. Ses pressentiments l'avertissaient trop bien du malheur qui menaçait son père. Les assassins emmenèrent M. de Sombreuil; il voit le mouvement de sa fille; il veut la prévenir; il lui ordonne de rester et ne lui laisse qu'un tendre adieu. Les bourreaux eux-mêmes la retiennent, se méfiant de l'effet qu'elle va produire. Elle parvient à s'échapper des bras de ceux qui l'arrêtent et arrive au lieu fatal. A genoux devant les assassins, de ses mains elle pare tous les coups, les attendrit par ses supplications et ses larmes, et parvient à obtenir la sentence d'absolution, mais à une condition terrible : « Bois un verre de sang, dit l'un des bourreaux, si tu veux sauver ton père. »

L'héroïne s'y soumet; elle en mourra peut-être, mais peu lui importe, son père est sauvé. Depuis ce temps elle fut sujette à de fréquentes convulsions.

Hélas ! pourquoi faut-il que tant de courage et de dévouement n'aient point eu un résultat durable. Peu de temps après, un tribunal de forme plus régulière révoquait la grâce accordée par les bourreaux de la commune de Paris, et Cazotte et Sombreuil montaient sur l'échafaud révolutionnaire. Elisabeth, emprisonnée cette fois loin de son père, ignora son sort pendant un an. Quand elle apprit avec certitude qu'il n'existait plus, tout son courage l'abandonna et elle le suivit bientôt dans la tombe. Mademoiselle de Sombreuil émigra en 1794, et se maria à l'étranger avec M. le comte de Villelume; elle eut encore le malheur de perdre son frère dans le désastre de Quiberon. Elle est rentrée en France en 1815 et morte en 1823.

Mme J. DE GAULLE.

Le tribunal révolutionnaire et ses victimes.

Déjà, depuis trois ans, la monarchie n'était plus en France qu'un corps appauvri par la perte de ses plus précieuses facultés, lorsque le 10 août 1792, elle expira avec les fidèles amis de l'infortuné Louis XVI, sous le canon des Marseillais.

Dès lors, la digue était rompue, le frein était brisé, toutes les passions violentes allaient surgir; on touchait au règne de la Terreur. Quatre jours après cette catastrophe, qui venait de renverser un trône de quatorze siècles, Robespierre, alors simple conseiller municipal, se présente à l'Assemblée nationale. Il dit que le peuple, mitraillé par les seïdes du tyran, demandait justice, et qu'il se la ferait lui-même si on refusait de la lui rendre.

— Le peuple veut être vengé, s'écria-t-il, et il a raison: les circonstances sont extraordinaires, et ce sont des juges extraordinaires que le peuple demande pour assurer la prompte punition des coupables. Je viens donc demander à l'Assemblée la création d'un tribunal criminel extraordinaire dont les arrêts, sans appel, devront être exécutés sur-le-champ.

Cette proposition fut accueillie avec enthousiasme, et, le 17 août, l'Assemblée nationale décréta, *à l'unanimité, la création d'un tribunal criminel extraordinaire*, que l'on appela aussi *tribunal criminel du 17 août*. Ce fut ainsi que, du sein des intrigues, de l'agitation et de la crainte, naquit cette épouvantable institution.

Tous les membres de ce tribunal, juges et jurés, furent nommés par les sections de Paris, et il fut décrété que chacun de ses membres devrait, avant son entrée en fonctions, se présenter sur une estrade dressée à cet effet, et adresser ces mots au peuple assemblé : « Peuple, je suis un tel, de telle section, je demeure à tel endroit, et j'exerce telle profession; si quelqu'un a quelque reproche à me faire, qu'il parle, afin qu'avant de juger les autres, je sois jugé moi-même. »

Dans l'espace de huit mois, ce tribunal prononça sur le sort de soixante-deux accusés, dont vingt-cinq furent condamnés à la peine de mort.

La lenteur protectrice que mettaient les membres de ce tribunal à instruire les procès, déplut aux montagnards exaltés qui en avaient provoqué l'établissement; il fut supprimé, et le 10 mars 1793, Jean-Bon-Saint-André proposa de le remplacer par un tribunal révolutionnaire.

— La patrie est en danger, dit-il, et cependant les riches ne veulent ni marcher de leurs personnes, ni contribuer aux frais de la guerre; les révolutionnaires sont abreuvés de dégoûts par les traîtres et les conspirateurs, et ils demandent, avant de marcher à l'ennemi, l'établissement d'un tribunal révolutionnaire pour juger sans appel les conspirateurs et les traîtres.

En vain Guadet, Biroteau, Lanjuinais, s'élèvent contre cette proposition sanguinaire. Un montagnard, Levasseur, monte après eux à la tribune, et il parvint, sans beaucoup d'efforts, à faire adopter cette rédaction :

« La Convention décrète l'établissement d'un tribunal révolutionnaire, sans appel et sans recours au tribunal de cassation, pour le jugement de tous les traîtres, conspirateurs et contre-révolutionnaires. »

Il y eut, dans cette circonstance, comme dans beaucoup d'autres, de grands discours prononcés, de nobles paroles qui se firent entendre et qui furent perdues; il y eut même des membres de la Convention qui déclarèrent qu'ils se tueraient si le décret passait; le décret passa, et deux heures après, ces fiers tribuns qui avaient juré de se tuer, dînaient gaiement au Palais-Royal.

L'Assemblée fatiguée allait se séparer, lorsque Danton monta à la tribune : « Soyons terribles, dit-il, pour dispenser le peuple de l'être. Organisons un tribunal, non pas bien, cela est impossible, mais le moins mal qu'il se pourra, afin que le glaive de la loi pèse sur tous ses ennemis. »

A ces mots, cette sorte d'énergie fébrile qui était au cœur des montagnards, se rallume; on décide, séance tenante, qu'il y aura des jurés attachés au tribunal révolutionnaire, que ces jurés seront nommés par la Convention, et qu'ils seront choisis par les citoyens de Paris. Il est en outre décrété que ce tribunal, composé de cinq juges et d'un accusateur public nommé par la Convention, devra connaître de toute entreprise contre-révolutionnaire, de tous attentats contre la liberté, l'unité et l'indivisibilité de la République; la sûreté intérieure et extérieure de l'État, et de tous les complots tendant à rétablir la royauté ou à établir toute autre autorité attentatoire à la liberté, à l'égalité et à la souveraineté du peuple.

Le 13 mars les juges furent nommés; le choix de la Convention tomba sur Lieubath, Pesson, Montalais, Desfougères, Foucaut.

Les juges suppléants furent Desmadelaines, Grandsire, Champertois, Roussillon et Tartanne.

Nommé accusateur public, Faure laissa bientôt sa place au trop fameux Fouquier-Tinville, qui eut pour adjoints Verteuil et Floriot, et pour suppléants Bellot et Natté, etc., etc.

. . . . Ainsi composé, le tribunal révolutionnaire, qui devait bientôt subir d'importantes modifications, fut installé le 28 mars au Palais de Justice, dans la salle où siége aujourd'hui la section criminelle de la cour de cassation. C'est là que furent jugés Charlotte Corday, les Girondins, la reine Marie-Antoinette, etc. Plus tard, lorsque sur la demande de Couthon, le tribunal révolutionnaire fut divisé en deux sections, la première continua à tenir ses séances dans la grande chambre du parlement appelée alors *Salle de la Liberté*, et la dernière occupa la chambre à coucher de Saint-Louis, à laquelle on avait donné le nom de *Salle de l'Egalité*. Cette pièce était une salle de cérémonie au temps de Louis XII, qui la fit richement décorer à l'occasion de son mariage avec la sœur de Henri VIII. Plus tard, elle fut restaurée par Louis XIV, et il y a peu d'années, on voyait encore sur la cheminée les restes d'un bas-relief représentant ce monarque appuyé sur la Justice et la Vérité. C'est dans cette chambre à coucher de Saint-Louis que le tribunal révolutionnaire jugea et condamna à la peine de mort Louis-Philippe-Joseph *Egalité, ci-devant duc d'Orléans.*

Ce tribunal ne pouvait être qu'une arme terrible entre les mains des ambitieux qui devaient la saisir. « Ses arrêts, dit Dulaure, dont le jugement sur ce point ne paraîtra pas suspect, ne peuvent être considérés que comme des outrages à la justice, des assassinats couverts de vaines formalités. Les batailles les plus acharnées, les défaites les plus malheureuses ont fait couler moins de sang français, et verser moins de larmes que ne l'a fait cet affreux tribunal. »

Ce fut le 6 avril 1793, que le tribunal révolutionnaire tint sa première audience. Les portes du palais avaient été ouvertes de bonne heure, et avant l'ouverture de l'audience la salle des Pas-Perdus était envahie par une foule bruyante, composée en grande partie d'hommes du peuple, s'honorant fort du titre de *sans-culottes*, vêtus de carmagnoles et coiffés de bonnets rouges. Parmi eux se voyaient bon nombre d'officiers municipaux qui, pour quelques heures, avaient quitté la lime, le rabot ou le tire-pied, afin de venir admirer l'éloquence de Fouquier-Tinville, déjà fameux, on ne sait trop à quel titre, car Fouquier n'avait été avant la révolution, qu'un mauvais procureur au Châtelet, et qui, à cause de sa mauvaise conduite et de son peu de talent, s'était vu contraint de vendre sa charge. Plus tard, Robespierre, l'avait attaché à la police, et il est très-probable que les services qu'il rendit dans cet emploi lui valurent seuls la protection des montagnards qui le firent accusateur public. Quoiqu'il en soit, le nom de Fouquier-Tinville avait déjà un certain retentissement dans le peuple, on savait que ce jour là l'accusateur demanderait au moins une tête; et s'en était assez pour exciter l'empressement des sans-culottes. Dans la foule, se trouvait aussi un grand nombre de mendiants, qui, depuis que l'Assemblée nationale avait décrété l'extinction de la mendicité, ne vivaient guère que de pillage, et des trente sous par jour que la commune allouait à chacun d'eux pour aller applaudir dans les tribunes de la Convention et des Jacobins, de concert avec ces hordes de femmes de mauvaise vie qu'on appelait les *Tricoteuses*, et qui, ce jour-là, grossissaient la foule dans la salle des Pas-Perdus.

A 11 heures, les portes de la salle d'audience s'ouvrent. Les juges sont sur leurs siéges; tous à la toge magistrale ont substitué le bonnet rouge, leurs reins sont ceints d'une écharpe tricolore. On voit grossièrement peints sur les murs de la salle le faisceau républicain, la pique surmontée du bonnet phrygien, et partout des devises entourées de couronnes de chêne. *Vivre libre ou mourir. — Liberté, égalité, fraternité, ou la mort. — Mort aux tyrans! Unité et indivisibilité de la République française! etc.*

L'accusateur Fouquier-Tinville se lève; c'est un homme d'environ 45 ans. Sa taille est courte et ramassée, son visage est long et amaigri, et ses noirs et épais sourcils surmontent des yeux ardents qui semblent lancer des éclairs. Il parle d'abord avec calme, mais bientôt il s'anime, et l'on dirait qu'il cherche à cacher la pauvreté de son style par la violence de ses paroles.

« Qui donc, citoyens! s'écrie-t-il, ne serait pas rempli d'une juste indignation à la vue de ces enfants dénaturés (les émigrés) qui vont au loin se coaliser pour venir ensuite déchirer le sein de leur mère commune? aussi les représentants du peuple français, considérant que la sûreté de l'État était menacée par des Français eux-mêmes, qui, par indifférence, par lâcheté, par haine ou par trahison, s'exilaient de leur patrie, et voulaient ainsi la livrer à tous les maux, se sont-ils empressés, par une loi positive, de bannir pour jamais de la terre de la liberté ces vils transfuges, qui, par leur retour, ne pourraient que la tourmenter et la déchirer. »

Telle est la partie la plus remarquable de ce discours de Fouquier-Tinville, ce qui n'empêchait pas un journaliste d'imprimer le soir même :

« Le discours de l'accusateur public, plein de force et d'énergie, respire à chaque phrase, à chaque mot, le feu brûlant, le feu électrique du plus pur patriotisme. »

Le premier accusé amené devant le redoutable tribunal, fut Guyot-Dumoullans, gentilhomme poitevin, qui après avoir quitté la France, dans les premiers jours de 1792, y était rentré ensuite. C'était là tout son crime.

— Accusé, s'écria Fouquier en interrompant le président qui interrogeait Dumoullans, n'as-tu pas un domaine et n'es-tu pas gentilhomme?

— Oui, citoyen, c'est *malheureusement vrai*, répondit Dumoullans.

— Eh ! que vous faut-il de plus, citoyens jurés, reprit l'accusateur ; cet homme est un aristocrate, et un aristocrate est un émigré !...

Il n'en fallait pas davantage, en effet, l'infortuné gentilhomme, condamné à la peine de mort, fut exécuté le même jour. Et Fouquier-Tinville était radieux; il avait obtenu sa première tête !

Bientôt le tribunal révolutionnaire se déclare en permanence; la Convention décrète que : « Tous bons « propriétaires et principaux locataires, concierges, « fermiers, régisseurs, portiers, logeurs et hôteliers des « maisons et de toutes habitations dans le territoire de « la République, seront tenus d'afficher à l'extérieur des « maisons, fermes et habitations, dans un endroit appa- « rent, et en caractères bien lisibles, les noms, prénoms, « surnoms, âge et profession de tous les individus rési- « dant actuellement ou habituellement dans lesdites « maisons, fermes ou habitations. »

Cette loi, dite des suspects, amena les visites domiciliaires, et par suite l'arrestation d'un si grand nombre de citoyens, que les prisons ordinaires se trouvèrent insuffisantes ; le palais du Luxembourg fut converti en lieu de détention, puis on eut recours aux colléges, aux maisons religieuses, et même à certaines maisons particulières qui furent promptement encombrées. C'était là que le tribunal révolutionnaire puisait ses victimes : chaque jour des charriots bien escortés venaient en extraire un certain nombre d'accusés pour les conduire au Palais de Justice, d'où ils ne sortaient que pour aller à l'échafaud.

Cependant les prisons s'encombrent ; on compte à Paris jusqu'à huit mille détenus ; mais l'horrible tribunal fonctionne avec une effroyable célérité, et en moins d'un an plus de 2,000 individus sont envoyés à l'échafaud sur la réquisition de Fouquier-Tinville, hideux vampire qui semblait insatiable de sang.

Le 21 prairial, 42 têtes tombaient sous le couteau de la guillotine, et le lendemain, Couthon, au nom du comité du salut public, demandait que l'action du tribunal révolutionnaire fut fortifiée.

« Je sais, dit-il, qu'en faisant cette proposition, je dirige contre ma poitrine les poignards des traîtres ; mais le bon citoyen ne connaît pas la crainte quand il s'agit de sauver la patrie : le méchant seul tremble. »

Il termine par proposer de porter à douze le nombre des juges du tribunal révolutionnaire, à cinquante celui des jurés, et de donner quatre substituts à l'accusateur public Fouquier-Tinville.

Cette proposition est adoptée ; la loi est délibérée sur-le-champ. Un des articles de cette loi porte que : « tout citoyen a le droit de saisir et de traduire devant le tribunal les conspirateurs et les contre-révolutionnaires. »

D'autres articles de la même loi disent qu'il ne sera pas entendu de témoins, à moins que cela ne paraisse nécessaire pour découvrir des complices. L'article 16 est ainsi conçu : « La loi donne pour défenseurs aux patriotes calomniés des jurés patriotes : elle n'en accorde point aux conspirateurs. »

Ceci n'est pas intelligible ; mais c'est le texte même de la loi.

Devenu ainsi plus puissant que jamais, le tribunal révolutionnaire chargé de juger ou plutôt de condamner les nombreux accusés qui remplissaient les prisons, ne pouvait, malgré sa célérité suffire à tant de travaux ; on l'avait divisé en deux sections qui se trouvaient surchargées. Danton demanda que ces sections fussent multipliées selon les besoins. « Il reste à punir l'ennemi intérieur que vous tenez, dit-il à l'Assemblée, et ceux que vous avez à saisir : il faut que le tribunal révolutionnaire soit divisé en assez grand nombre de sections pour que tous les jours un aristocrate, un scélérat paie de sa tête ses forfaits. Je vous demande qu'il soit fait un rapport sur le mode d'augmenter de plus en plus l'action du tribunal révolutionnaire. Il faut que le peuple voie tomber ses ennemis. »

L'échafaud est en permanence; 63 têtes tombent en un seul jour sur les ordres du président Dumas et de l'accusateur Fouquier-Tinville. La terreur se répand dans Paris, les boutiques se ferment; on transporte la guillotine à la barrière du Trône, appelée alors *Barrière renversée*, où, en huit jours, 345 victimes sont immolées.

Tous les partis tombent successivement sous la hache de Fouquier-Tinville : royalistes, constitutionnels, girondins, Dantonistes, Hébertistes, Robespierrises, tous ont été représentés sur l'échafaud comme ils l'avaient été dans les Assemblées délibérantes de France.

Enfin Fouquier en vint à requérir le supplice de plusieurs des membres du tribunal révolutiounaire, ses amis et ses complices. Jamais créature humaine n'avait montré tant de férocité; deux heures lui suffisaient pour traduire devant le tribunal et faire condamner 60 ou 80 personnes de tout sexe, de tout âge, de pays divers, et absolument inconnues les unes aux autres. Les charrettes qui devaient conduire les victimes à l'échafaud étaient préparées dès le matin, avant même que ces infortunés eussent comparus devant le tribunal. Les jugements étaient le plus souvent signés en blanc, et lorsqu'on les remplissait, les malheureux qu'ils concernaient avaient déjà cessé de vivre. La comparution n'était qu'une formalité dérisoire, une seule question était presque toujours adressée à l'accusé : « As-tu connaissance d'une conspiration?... demandait Fouquier. » Si la réponse était négative tout était terminé.

Souvent après cette réponse, l'accusé insistait pour faire entendre quelques observations. « Tu n'as plus la parole ! » s'écriait l'accusateur. « Gendarmes, faites votre devoir ! » L'infortuné était entraîné et jeté dans l'une des charrettes qui attendaient la fournée du jour.

Il arrivait souvent que l'on ne savait sur quoi fonder l'accusation d'un prisonnier.

— Mettez-le de la première conspiration venue, disait Fouquier.

— Mais s'il n'a pas conspiré? lui dit un jour son secrétaire.

— Bah ! qui est-ce qui ne conspire pas aujourd'hui !... S'il n'a pas conspiré hier, il conspirera demain.

Il avait aussi le soin de laisser des places en blanc sur les listes des prétendus conspirateurs qu'il traduisait devant le tribunal de mort : il faut penser à tout, disait-il, et garder de la place pour ceux qui peuvent venir augmenter le *casuel*.

Un jeune homme est traduit devant le tribunal, l'acte d'accusation dressé contre lui porte qu'un de ses fils combat contre la France dans les rangs ennemis.

— Il y a erreur évidente, s'écrie l'accusé; j'ai à peine vingt ans et je n'ai point d'enfants.

— Tu pourrais en avoir, répond le président Dumas, et il est bon de couper le mal dans sa racine.

Deux heures après le malheureux était guillotiné.

La maréchale de Mouchy, âgée de 80 ans, est amenée au rang des accusés.

— Tu es accusée, lui dit Fouquier, d'avoir conspiré contre la liberté, l'égalité, l'unité et l'indivisibilité de la République.

La maréchale ne répond pas; un autre accusé fait observer que madame de Mouchy est sourde.

— Eh bien! dit Fouquier, mettons qu'elle a conspiré *sourdement*.

Et la tête de la maréchale tombe.

Il arrivait souvent qu'un père était jugé pour son fils, un fils pour son père.

— Qu'importe? disait Coffinhal, l'un des juges, loup ou louveteau, tous les coups sont bons sur de méchantes bêtes!

Un vieillard dont la langue était paralysée ne pouvant répondre aux questions de Fouquier.

— Heureusement, s'écrie le président Dumas, que c'est sa tête et non sa langue qu'il nous faut.

Linguet, écrivain paradoxal s'il en fut, avait publié depuis fort longtemps une brochure dans laquelle il prétendait que le pain, considéré comme nourriture, était une invention nuisible et très-dangereuse, et que le luxe seul nécessitait une telle nourriture. Ne sachant de quoi accuser cet écrivain. On s'avisa de déterrer ce pamphlet oublié depuis longtemps, et Linguet fut envoyé à la guillotine.

Un jour, Fouquier montrait à Collot-d'Herbois une liste de 155 personnes qu'il voulait faire juger en une seule séance.

— Vous allez trop vite, dit Collot, vous finirez par démoraliser le supplice, et que vous restera-t-il ensuite?

— C'est vrai, dit Fouquier, il faut faire vie qui dure.

Les 155 personnes furent divisées en trois fournées et envoyées à l'échafaud.

Un grand nombre des victimes que ce tribunal envoyait à la mort montraient beaucoup de courage et de force d'âme, et soit par leur attitude, soit même par leurs discours, bravaient leurs meurtriers. Cela contrariait l'accusateur public qui proposa de saigner les condamnés pour les affaiblir avant de les faire monter dans les charettes, ou bien de leur faire prendre certaines potions pour engourdir leurs facultés; la première de ces propositions ne fut pas adoptée; mais on n'est pas bien sûr qu'il en ait été de même de la seconde.

L'abbé Emery ayant été emprisonné, l'accusateur le fit mettre en liberté, afin qu'il donnât des consolations religieuses aux victimes prêtes à être sacrifiées. Comme on s'étonnait de cette indulgence de Fouquier:

— J'ai mes raisons, dit-il; ne voyez-vous pas que ce prêtre les empêche de crier.

Des 80 personnes, hommes et femmes qui furent traduites devant le tribunal révolutionnaire, en même temps que madame Elisabeth, aucune n'e fut interrogée, plusieurs s'en plaignirent; mais le président Dumas ne leur répondit que par ces mots: « A la mort!

Quarante-deux victimes allaient être livrées au bourreau, lorsque l'on apprit que Robespierre venait d'être décrété d'accusation. Prévoyant que le régime de la Terreur allait finir, le commandant du poste de la gendarmerie, au Palais de Justice, alla trouver Fouquier-Tinville, et lui demanda s'il ne serait pas bon de surseoir à l'exécution des condamnés jusqu'à l'issue des événements qui se passaient alors dans l'Assemblée.

— Hâtez-vous, au contraire, et avancez, s'il se peut, l'heure de l'exécution, répond le monstre ; il faut que la justice ait son cours !

Les 42 condamnés furent exécutés. Un délai de quelques heures les eût sauvés.

On est confondu d'étonnement en pensant que tant d'horreurs ont pu se commettre à la face du ciel, dans un pays regardé pendant si longtemps comme le plus policé du monde. Ce qui n'est pas moins extraordinaire, c'est que, le règne des assassins passé, on hésita pour faire le procès à Fouquier-Tinville, ce tigre couvert du sang de plus de 2,000 victimes, et lorsqu'on osa enfin le mettre sous la main de la justice, on affecta d'employer les formes les plus lentes ; son procès dura 41 jours ; 400 témoins, tant à charge qu'à décharge, furent entendus. Fouquier, différent en cela de la plupart des hommes cruels qui sont ordinairement lâches, montra devant les juges autant d'audace que du temps de sa toute puissance.

— Citoyens représentants qui m'accusez, s'écria-t-il, je n'ai fait qu'obéir à vos ordres. La Convention a mis la terreur à l'ordre du jour : les comités me les envoyaient pour que je remplisse les formalités du jugement. Lequel de vous, représentants, m'a fait entendre une réprimande? Le sang découlait de la bouche de vos orateurs, et vos décrets surpassaient encore vos tribuns. Si je suis coupable, vous l'êtes tous, et j'accuse l'Assemblée entière. Je n'ai été que la hache de la Convention : Punit-on une hache!

Malgré cette défense, le monstre fut envoyé à l'échafaud avec quinze de ses complices.

Lorsque ce scélérat fut conduit au supplice, le peuple se porta en foule sur son passage; de toutes parts c'étaient des huées, des cris, des malédictions. A ces injures, Fouquier répondait par d'autres injures: « Va, canaille, s'écriait-il, va chercher tes deux onces de pain à ta section, moi je m'en vais le ventre plein! » Il crachait au visage de ceux qui se trouvaient le plus près de lui et faisait aux autres d'ignobles grimaces. Arrivé au pied de l'échafaud, il vit exécuter ses complices, alors sa fermeté l'abandonna: il pâlit, frissonna et perdit connaissance. (*Souvenirs du trib. révolut.*)

Sir PAUL ROBERT.

Le maréchal de Mouchy.

Accusé d'avoir secouru de pauvres prêtres, prétendus réfractaires, le maréchal de Mouchy fut arrêté et conduit à la Force; transféré peu de temps après avec sa femme au Luxembourg, il y fut, ainsi que la maréchale, l'objet des égards de tous les autres détenus. Personne ne parlait d'eux qu'avec une espèce de vénération. Cependant M. de Mouchy devait périr, sa mort était résolue ; le jour fatal arriva. Lorsqu'on vint l'appeler pour aller à la Conciergerie, qui était comme le vestibule du tribunal révolutionnaire, il pria poliment celui qui lui annonçait qu'il fallait descendre au greffe, de ne pas faire de bruit, afin que la maréchale ne s'aperçut pas de son départ.

Elle a été très-malade ces jours passés, dit-il, et elle elle est encore fort souffrante.

— Malade ou non, répondit le guichetier, il faut qu'elle vienne aussi, elle est sur la liste, et je vais l'aller chercher.

— Non, reprit le maréchal, puisqu'il faut qu'elle vienne ce sera moi qui l'avertirai.

Agé de 80 ans, le duc de Mouchy monte d'un pas ferme, et arrive à la chambre de sa femme.

— Madame, lui dit-il, il faut descendre, Dieu le veut, et vous êtes trop bonne chrétienne pour ne pas vous soumettre avec résignation à la volonté divine. D'ailleurs, je pars avec vous, je ne vous quitterai point.

La nouvelle que M. de Mouchy allait au tribunal, se répandit en un moment dans toutes les chambres ; le reste du jour fut pour les prisonniers un temps de deuil. La plupart des détenus s'éloignèrent des endroits d'où l'on pouvait voir ces illustres victimes passer, car ils ne se sentaient pas la force de supporter ce spectacle, d'autres, au contraire, se tinrent en haie sur leur passage voulant leur donner un dernier témoignage de respect et de sympathie. Un seul prisonnier éleva la voix et dit :

— Courage ! M. le maréchal !

M. de Mouchy le regarda, et répondit d'une voix où l'on ne remarquait nulle altération :

— A 15 ans, j'ai monté à l'assaut pour mon roi ; à 80 ans, je vais monter à l'échafaud pour mon Dieu, et le courage ne me manquera pas plus dans cette dernière circonstance que dans l'autre.

Loiserolles.

Le comte de Loiserolles était sur la liste des proscrits; on vient pour l'arrêter. *M. de Loiserolles*, demandèrent les sbires : *C'est moi*, répondit son vieux père ; et, trompant ainsi les bourreaux, il marche à la mort, heureux de sauver, au prix des quelques jours qui lui restaient encore, son fils, qui devait fournir une longue carrière. Le comte de Loiserolles fut instruit de ce touchant dévouement paternel trop tard pour le disputer par le sien : Une paysanne au service de sa maison avait caché ce jeune homme dans sa famille ; il l'épousa plus tard par reconnaissance. Tous ses biens ayant été confisqués, il fut réduit à la condition d'instituteur au village de Créteil, où il mena une existence modeste et respectée et où sa veuve subsiste encore.

J. M.

Physionomie de Paris sous la Terreur.

Rien de plus singulier et de plus caractéristique à la fois que l'aspect de Paris sous la Terreur : on ne voyait plus de riches équipages, plus de livrées, plus de voitures bourgeoises; tous les chevaux de luxe avaient été mis en réquisition pour les quatorze armées de la République; les fiacres avaient presque entièrement disparu, et si quelques-uns circulaient encore dans les rues de la capitale, naguère si bruyantes, si animées, et alors silencieuses, ils étaient forcé d'aller au pas : le peuple souverain, composé de sans-culottes effrénés et de filles de mauvaise vie, tenait le haut du pavé; malheur au cocher qui eut heurté l'un de ces potentats en guenille ! Le tribunal révolutionnaire était là pour l'envoyer à l'échafaud expier son crime d'aristocratie, à moins que le souverain mal peigné et sans souliers n'eut jugé convenable de faire lui-même l'office de bourreau, en accrochant de ses mains peu propres le coupable de lèze-nation à l'une des lanternes du quartier.

Le costume des hommes, en général, était des plus simples; il consistait en un pantalon, un gilet rond à manches et un bonnet de laine rouge; on portait ordinairement un énorme bâton à la main. Les femmes avaient renoncé aux chapeaux, aux fleurs et aux bijoux. Leur costume se composait d'une simple robe de toile, d'un fichu de mousseline et d'une coiffe de linon surmontée d'une énorme cocarde tricolore. Tous les hôtels étaient abandonnés, et sur le mur extérieur de chacun d'eux on lisait cette inscription : *Propriété nationale à vendre;* comme sur la porte des cimetières, et il y en avait beaucoup alors, on lisait : *Champ du repos.* C'est qu'en effet il n'y avait plus pour le juste d'autre repos que celui de la tombe.

La famine devenait de plus en plus effrayante ; mais si le peuple manquait de pain, les spectacles lui étaient prodigués ; il y avait chaque semaine des représentations *gratis* dans tous les théâtres, et voici un échantillon du style dans lequel étaient rédigées les affiches ; nous copions :

De par et pour le peuple,

Les comédiens du Théâtre de la République donneront,

aujourd'hui, première sans-culotide :

LE JUGEMENT DERNIER DES ROIS,

suivi du

MARIAGE DU CAPUCIN.

L'herbe poussait dans les faubourgs Saint-Honoré et Saint-Germain, et le jardin des Tuileries était planté de pommes de terre. Enfin, pour que rien ne fût disparate dans cet état de choses, la commune de Paris se présenta en corps à la Convention, et l'adjura d'ordonner par un décret le prompt incendie de toutes les bibliothèques. Le lendemain, le citoyen Javoques demanda que, la guillotine ne fonctionnant pas assez vite, on conduisît chaque jour trois cents détenus à la pleine de Grenelle, où on leur mettrait *du plomb dans la tête.*

— Javoques n'est qu'un misérable modéré, s'écrie Collot-d'Herbois. Je demande, moi, que sous chacune des soixante-quinze prisons de Paris, il soit creusé une *mine salutaire* à laquelle on mettra le feu sans délai.

C'est qu'en effet, malgré les nombreuses exécutions qui se faisaient chaque jour, les soixante-quinze prisons de Paris étaient encombrées ; l'agglomération des malheureux entassés dans ces maisons était telle que des maladies épidémiques y éclatèrent, et la peste vint ainsi en aide aux bourreaux. Le despotisme, la cruauté de quelques geôliers, étaient horribles; on refusait de la lumière aux prisonniers, on les empêchait de communiquer avec leurs parents, avec leurs amis, même à travers les grilles. On refusait d'aller chercher un médecin pour secourir les malades expirants. Tous les aliments que l'on apportait du dehors aux prisonniers étaient jetés dans un même baquet, tous les vins confondus dans un même tonneau, et à ceux qui se plaignaient de cette horrible et dégoûtante confusion, on répondait : « Chien d'aristocrate, est-ce que tu ne sais pas que tu as le bonheur de vivre sous le régime de l'égalité et de la fraternité?... Crois-tu qu'on va choisir les morceaux pour un scélérat comme toi? Ça ne serait pas la peine, car peut-être demain tu auras passé le goût du pain. Notre *sainte-mère guillotine* viendra bien à bout de purger la République de tous ces gueux de conspirateurs, agents de Pitt et Cobourg!

Toutefois ces horribles lieux n'étaient pas dépourvus de toute consolation: la meilleure compagnie de France s'y trouvait réunie; les illustrations de tout genre y étaient groupées; à côté de l'aristocratie de la naissance et de la vertu, celle du talent n'était pas non plus épargnée. Pendant que les uns, repassant leur vie devant Dieu, jugeaient sévèrement leurs jeunes années aux lueurs prochaines de l'éternité et priaient à l'exemple du Christ pour leurs bourreaux, d'autres affectaient une impassibilité stoïque, s'exerçaient à des œuvres d'art et de littérature, et la sympathie mutuelle adoucissait aussi bien des souffrances. Là, André Chénier composait les belles strophes qui sont restées si célèbres. C'était le chant du cygne. Là, Roucher écrivait au bas de son portrait, que dessinait un autre prisonnier, ce quatrain, adressé à sa femme et à ses enfants :

> Ne vous étonnez pas, objets charmants et doux,
> Si quelque air de tristesse obscurcit mon visage.
> Lorsqu'un savant crayon retraçait cette image,
> On dressait l'échafaud, et je pensais à vous.

Puis l'inexorable geôlier venait interrompre ces doux

épanchements, car l'heure était venue de faire rentrer chacun dans sa cellule. On se quittait en se serrant la main avec émotion, en se demandant lesquels d'entre eux manqueraient au rendez-vous du lendemain, car chaque matin la faux révolutionnaire moissonnait de nouvelles victimes. Après une longue captivité Roucher et Chénier devaient périr au port du salut ; ils furent exécutés le 7 thermidor, avant-veille de la chute de Robespierre.

Un mariage sous la Terreur.

(1793).

C'était au fort de cette sanglante époque ; il n'y avait plus à Paris que deux classes de gens, *les victimes* et *les bourreaux ;* partout le sang coulait, chacun tremblait, pour soi, pour ses proches ou pour ses amis.

Pénétrons dans un intérieur, et voyons ce qui s'y passe: c'est un salon, grand, mais fort simplement meublé. Une jeune fille est assise sur un fauteuil à côté de la fenêtre, et près d'elle, un jeune homme, qui doit bientôt être son époux, est debout. Ce jeune homme est le vicomte Henri de R..., la jeune fille se nomme Julie C...

Chez qui sommes-nous donc ? Dans l'une de ces familles religieusement dévouées à la monarchie qui croule ?

Chez quelques-uns de ces gens qui regrettent le passé, pleurent sur le présent, et espèrent en l'avenir? Non, nous sommes chez le citoyen C..., républicain féroce, patriote forcené, membre du tribunal révolutionnaire et chef de section.

Pour expliquer la présence du vicomte de R... dans cette maison, il faut reprendre d'un peu plus haut.

C... jouissant d'une fortune assez considérable, avait mis sa fille dans un pensionnat en renom, où elle se lia intimement avec mademoiselle de R... Cette dernière avait un frère qui venait souvent la voir, et naturellement Julie accompagnait son amie au parloir, et comme elle était charmante, comme Henri de R... était un beau jeune homme, ils se crurent destinés l'un à l'autre.

La révolution vint alors, la révolution qui ferma les couvents et dispersa les nobles. M. C... se jeta à corps perdu dans le parti des démocrates. Les deux jeunes gens continuèrent à s'aimer. L'amour pur est une fleur sacrée qui fleurit parmi les orages.

La famille de M. de R... émigra, ses biens furent vendus; mais lui, ne pouvant se résoudre à s'éloigner de Julie, resta à Paris sous un nom supposé : il passa pour un artiste.

Instruit de cet amour, C... fut d'abord furieux : il jura que jamais sa fille ne s'unirait à la *race impure* des ci-devants. La douce Julie ne répliqua rien, elle se contenta de souffrir et de pleurer; elle pâlissait, ses joues amaigries se marbraient de taches rouges, tous les symptômes d'une maladie de consomption se déclaraient en elle. C... aimait tendrement sa fille, il ne put se décider à la voir ainsi lentement s'éteindre sous ses yeux, et faisant taire ses principes, il consentit à recevoir chez lui le ci-devant vicomte de R..., aujourd'hui tout simplement le citoyen Henri, peintre de portraits. Voilà pourquoi nous avons vu tout-à-l'heure le jeune homme causer avec Julie.

La gaieté revint au cœur de la jeune fille, et la santé reparut sur son visage. Le jour de son union avec Henri était fixé : tout à coup elle redevint triste, et répondit à son père qui lui demandait la cause de ce changement :

— Je pleure, parce que mon mariage avec Henri est impossible.

Elle refusa obstinément de s'expliquer davantage.

— Vous ne m'aimez donc plus, Julie? disait Henri douloureusement.

— Je vous aime, et mon plus grand bonheur serait d'être votre femme devant Dieu et devant les hommes, mais, je vous le répète, ce mariage est impossible.

— Pourquoi donc, mon Dieu? pourquoi donc?

La jeune fille ne répondait pas; enfin, pressée de questions, elle lui dit :

— Venez avec moi chez mon père, et je m'expliquerai.

Ils allèrent tous les deux dans le cabinet où travaillait le républicain, et voici ce que dit Julie :

— Quand vous avez épousé ma mère, ce n'est pas aux yeux de la loi seulement qu'elle vous appartint; votre union fut consacrée par l'Église, et Dieu lui permit d'être à vous. Eh bien! à moins qu'il n'en soit pour moi comme il en a été pour ma mère, jamais je n'appartiendrai à un homme, quel qu'il soit!

— Et jamais, s'écria le républicain, jamais un prêtre n'aura la moindre relation avec moi ou quelqu'un de ma famille.

— Vous voyez donc bien, répondit tristement la jeune fille, que ce mariage est impossible.

Bientôt les tristes symptômes de langueur et d'épuisement reparurent sur les traits flétris de Julie.

C... sentit de nouveau son cœur de père se briser à cette vue, et, un jour, enfin vaincu, il dit à sa fille :

— Mais où trouver un prêtre, ma pauvre enfant? il n'y en a plus à Paris : ou s'il en reste quelqu'un, il se cache et se déguise.

— Oh! si, j'en connais un, répondit Julie; l'ancien aumônier de mon couvent. Il se cache, il est vrai, mais je sais dans quel lieu. Promettez-moi de ne pas le trahir, et je vous indiquerai sa demeure.

— Je te le jure.

— Eh bien! préparons tout pour le mariage, et vous saurez tout quand il en sera temps.

Recevoir un prêtre chez soi, se prêter aux cérémonies du culte catholique, c'était à cette époque, on le sait, un crime puni de mort, et, pourtant, on préparait à la hâte une sorte d'autel dans la maison du citoyen C..., le démocrate, le régicide.

Quand tout fut achevé, Julie dit à son père :

— Vous avez remarqué peut-être, dans cette même rue, presque en face de chez vous, dans une misérable échoppe, une boutique de sabots. Le marchand est l'abbé Victor, le prêtre dont je vous parlais.

C... se rendit à l'endroit indiqué. Le marchand de sabots était seul.

— Citoyen Victor, je te connais, dit C... en entrant, suis-moi.

L'abbé avait reconnu le farouche républicain, il se crut trahi, perdu, il le suivit pourtant en murmurant :

— Mon Dieu, que votre volonté soit faite.

Grande fut sa surprise quand il revit Julie, sa pensionnaire d'autrefois, et quand il l'entendit lui dire :

— C'est pour un mariage, mon père, que vous êtes ici.

Il commença la messe. Personne n'était là pour le servir. C..., qui ne croyait peut-être pas en Dieu, prit un livre, et, se mettant à genoux, remplit l'office du servant.

Le prêtre allait prononcer les paroles sacramentelles qui unissent pour toujours deux êtres en cette vie. Un coup violent, frappé à la porte extérieure, fit tressaillir les quatre acteurs de cette scène. C... courut à la fenêtre, la maison était entourée de soldats.

— Vite, bénissez-nous, dit alors la jeune fille au prêtre, que je sois enfin sa femme devant Dieu.

Quelques secondes après, Julie était la femme de Henri.

— Calmez-vous, maintenant, dit-elle au prêtre en le faisant entrer dans un cabinet secret.

Les soldats avaient pénétré dans la maison dont on leur avait ouvert la porte.

— Citoyen, dit l'officier à C..., je viens chez toi pour arrêter quelqu'un qui a abusé de ta confiance d'une manière indigne; c'est l'homme que voilà, ajouta-t-il en désignant Henri; cet homme n'est autre que le ci-devant vicomte de R... La police de la République a été assurée de ce fait aujourd'hui. Soldats, emparez-vous de lui.

— Arrêtez-moi donc aussi, s'écria Julie en se jetant en avant, arrêtez-moi donc aussi, car je suis sa femme.

— Je n'ai pas d'ordre pour toi, citoyenne, répondit l'officier.

— Pas d'ordre pour moi, mais je suis une ci-devant, puisque j'ai épousé un noble! D'ailleurs, je hais la République. A bas la République! Vive le roi! Vivent les Bourbons! m'emmènerez-vous, à présent.

— Je n'ai pas d'ordre pour toi! répondit de nouveau l'officier.

Et les soldats entraînèrent Henri loin de sa jeune femme qui pleurait.

A cette époque, les prisons, pour presque tous, c'était la mort.

Par un bonheur inouï, pendant plusieurs mois, Henri fut oublié. Puis vint la chute de Robespierre, et les portes des prisons s'ouvrirent.

Il y a quelques années, le vicomte et la vicomtesse de R... vivaient encore, et racontaient souvent les circonstances étranges du mariage sous la Terreur.

B. de Feurs.

Un Sauveur.

Si l'histoire est un grand drame, il est juste que les contrastes y fourmillent. Les époques les plus tourmentées sont naturellement celles où l'honneur et l'infamie, le dévouement et l'égoïsme, la grandeur et l'abjection, la vertu et le crime sont le plus mêlés, et, pour ainsi dire, obscurcis les uns par les autres. La révolution de 89 surtout, si féconde en événements, a enfanté des prodiges de toutes sortes. Au milieu des types divers qui la caractérisent, il faut distinguer celui du *Sauveur*. Non pas que nous ne trouvions rapportée à chaque page de l'histoire générale de France quelque épisode remarquable, quelque action édifiante, quelque sublime dévouement, mais, dans aucun temps, le *Sauveur* n'a mérité plus de louanges que pendant la révolution, parce que dans aucun temps le dévouement n'a été plus dangereux, n'a exigé plus d'abnégation et d'héroïsme.

Rien qu'à énumérer les généreuses actions de l'époque, on remplirait plusieurs volumes. Presque toutes les victimes ont à côté d'elles leur bourreau et leur *sauveur*. Marie-Antoinette subit les accusations de l'infâme Hébert, et trouve dans Richard, à la Conciergerie, un homme délicat et généreux. Cazotte échappe aux septembriseurs par l'énergie de sa fille. Mlle de Sombreuil emporte son père dans ses bras après avoir bu un verre de sang. L'abbé Sicard doit son salut à un horloger nommé Monnot; Monnot se plaçant devant lui, à l'encontre des massacreurs, leur montre sa poitrine et leur crie :

— Voilà, concitoyens, la poitrine qu'il faut frapper avant d'aller jusqu'à celle de ce bon citoyen. Vous ne le reconnaissez pas, mes amis; vous allez le respecter, l'aimer, tomber aux pieds de cet homme sensible et bon, quand vous saurez son nom. C'est le successeur de l'abbé de l'Épée, c'est l'abbé Sicard.

Le concierge de Bicêtre fait braquer deux pièces de canon pour venir au secours de ses prisonniers. Les deux commissaires du conseil général de la commune, Truchon et Duval-Desteing, mettent en liberté 24 femmes, à la Force. Manuel lui-même sauve Mme de Saint-Brice et Mlle de Tourzel.

Passons de cette énumération de traits remarquables à la narration d'un fait qui a eu lieu en 1794.

Un fabricant de chaises avait sa modeste boutique située dans la petite rue de Montmorency, près de la rue Saint-Martin. C'était un jeune homme ayant échappé à la réquisition, et nouvellement marié. Les moyens d'existence de B... et de sa femme étaient minimes. A force de travail, ils parvenaient à joindre les deux bouts, mais les fréquentes commotions politiques de l'époque avaient une funeste influence sur tout commerce, si modeste, si mince qu'il fût.

B... était âgé de 23 ans à peine. Il avait été, dans son enfance, laquais chez M. le vicomte de C..., écrivain de grand mérite, qui s'était d'abord enthousiasmé de la révolution, et siégeait à l'Assemblée nationale, sur les bancs du tiers-état. B... était un garçon de cœur et d'amour-propre, auquel sa condition de laquais avait singulièrement déplu. Probe, soigneux, intelligent, laborieux surtout, il avait voulu apprendre un état, et il était désireux de faire honneur à ses affaires. Il s'était marié avec une jeune domestique qu'il aimait. Rien de plus pauvre que le nouveau ménage. Les deux mariés possédaient 27 francs le lendemain de leurs noces, qui n'avaient pas été somptueuses, comme on pense.

En août 1794, un soir, au moment où B... fermait son obscure et misérable boutique, quelqu'un entra tout effaré et sans dire mot. Mme B... jeta un cri, B... s'avança vers le nouveau venu et le pria de se retirer.

C'était un homme vêtu d'une blouse, cheveux mal peignés, barbe longue, mains sales, mais dont la figure, en dépit de toutes les transformations qu'elle avait subies, accusait un homme du monde.

B... reconnut en lui son ancien maître, le vicomte de C... Il ferma aussitôt la porte de sa boutique. Une rumeur publique se fit entendre. Des gens de police couraient après un *suspect* et emplissaient de tumulte la rue Saint-Martin.

B... dit au vicomte de passer dans sa petite arrière-boutique, et là, la conversation suivante s'établit :

— Qu'avez-vous, monsieur le vicomte?

— On me poursuit. Je leur ai échappé au détour de la rue de Montmorency et de la rue Saint-Martin. B..., tu as ma vie dans tes mains. J'ai eu de fréquentes relations avec Mazuyer, condamné dernièrement à mort par le tribunal révolutionnaire. On m'a déclaré *suspect*. On est venu faire une visite à mon domicile, rue Saint-Martin, et je n'ai eu que le temps de fuir. J'ai pensé à toi. Me livreras-tu?

— Jamais, répondit B... avec force.

— Mes biens sont confisqués. Je ne possède plus rien. Impossible de gagner la frontière. B..., je n'oublierai jamais ce que tu fais pour moi.

Et le vicomte serra affectueusement la main de son ancien laquais.

Il fut décidé que M. de C... passerait tout le jour dans un cabinet attenant à la chambre des deux époux, que, la nuit, on lui dresserait un lit dans la boutique, et que jamais B... ni sa femme ne s'absenteraient en même temps. C'est dans ce cabinet, disons-le en passant, que M. de C... a composé quelques écrits fameux, qui lui valurent la réputation de grand publiciste. Car, il ne s'agit pas ici d'un fait inventé, mais bien d'un fait historique, seulement, les noms des personnages, la profession même du *Sauveur,* sont changés. Ce dernier est trop connu de nous pour que nous voulions lever le voile de modestie qui recouvre sa bonne action.

Il importe de se rappeler qu'à l'époque où avait lieu la conversation rapportée ci-dessus, les girondins venaient de monter sur l'échafaud. La terreur régnait partout. Les mesures les plus sévères étaient prises contre ceux qui étaient déclarés suspects, ou contre ceux qui les recélaient. On avait mis la mort à l'ordre du jour. En donnant asile à M. de C..., le jeune fabricant de chaises n'avait écouté que son cœur. Le plus grand soin présida à tout ce qui concernait la retraite de l'écrivain. Plusieurs mois durant, les soirées de l'arrière-boutique de B... offrirent un spectacle unique. Le vicomte faisait la lecture, et demandait parfois des conseils à ses bienfaiteurs sur ses propres travaux littéraires. C'était un calme profond que celui où vivaient ces trois personnes dont l'existence était si menacée. Mais peu à peu ce calme disparut. Le travail fit défaut à B... Paris était devenu presque désert... B... ne recevait aucune commande, et ses quelques économies, amassées à grand'peine, ne purent suffire aux besoins de la maison. Elles disparurent. Il voulait que le vicomte eût ses aises, une table passable et quelquefois du superflu. Il l'avait reçu d'abord par bienfaisance, et puis l'amitié la plus respectueuse, la plus sincère s'était emparée du jeune homme. Les affaires de commerce en vinrent à ce point, que B... fut obligé d'avoir recours à quelque nouveau moyen pour vivre. Sa femme était couturière. B... se mit à coudre aussi. Il fit des chemises. Le gain, si minime qu'il pût être, permettait au fabricant de continuer le train de vie accoutumé. Néanmoins, la tristesse se peignait depuis quelque temps sur le visage du mari et de la femme. Le vicomte s'en aperçut, et, un soir, il interrogea B... qui ne dit pas son secret. Pour comble de malheur, des voisins méchants compromirent B... et le dénoncèrent comme *suspect*. Au moment où l'on s'y attendait le moins des hommes de police se présentèrent; le vicomte prit alors un parti extrême et s'échappa en escaladant un mur de plus de vingt pieds. Lorsque les visiteurs entrèrent dans l'arrière-boutique, M. de C... avait disparu. B... faillit être arrêté. Quelques paroles qui lui avaient été arrachées par la crainte, lors de la visite domiciliaire, avaient fait croire qu'il cachait le vicomte. Mais l'événement n'eut pas de suite. Les deux époux restèrent fort longtemps sans avoir de nouvelles de M. de C... qui craignait de les compromettre. Sous le Directoire, cependant, ils reçurent une lettre datée d'Ettenheim. M. de C... leur faisait savoir qu'il était parvenu à passer la frontière, et qu'il vivait maintenant en sûreté.

On sait ce qui arriva. Bonaparte s'empara du pouvoir. Les émigrés, pour la plupart, rentrèrent dans leur patrie. La première visite de M. de C.... revenu à Paris, fut pour celui dont il avait reçu une si généreuse hospitalité. B... marié, sans enfants, n'avait pu se soustraire à une levée extraordinaire. Il devait rejoindre son corps huit jours après l'arrivée du vicomte. Quand M. de C... se présenta chez le fabricant de chaises, la femme de ce dernier était seule et tout en larmes. Il sut bien vite quelle était leur malheureuse position. Le vicomte n'avait que peu ou point de pouvoir. Il était en opposition avec l'Empereur, qui rendait justice à son talent, sans cependant l'aimer. Il fallait sauver B... de la réquisition, risquer de nombreuses démarches auprès de certaines connaissances que l'écrivain savait tenir au pouvoir d'alors. Rien ne lui coûta. Les hommes étaient rares : avant qu'il fut possible d'en trouver un, B... serait en route pour l'Allemagne. Des protections étaient nécessaires. Je ne sais ce que fit le vicomte, mais le surlendemain de sa première visite à ses amis, il revint, tenant en main l'acte de libération de B... qui pleura de joie et lui jura une éternelle reconnaissance. Le vicomte, dans plusieurs circonstances, aida B... de sa bourse, et toujours de manière à ne point l'humilier. Tantôt il lui prêtait 500 fr. ou 1,000 fr. pour qu'il pût profiter de telle ou telle bonne affaire ; tantôt il envoyait quelques grands personnages faire des acquisitions chez le fabricant de chaises. B... prenait la route de la fortune.

Il devint acquéreur d'un fonds renommé dans la rue de Cléry. La Restauration arriva. Le vicomte ressaisit son influence. B... ne l'alla pas voir par scrupule ; il craignait de paraître solliciteur ; et cet état de choses dura plus d'un an. M. de C... n'oubliait cependant pas son souvenir. Un matin, il se présenta à son nouveau domicile, et lui adressa quelques doux reproches.

— Je viens vous apporter une bonne nouvelle, mon ami, dit le comte au fabricant de chaises.

— Et laquelle?

— Sur ma demande, le roi vous accorde le brevet de fournisseur de sa maison. Voici sa première commande ; il veut meubler à neuf trois appartements de Meudon.

En disant ces mots, M. de C... montre le brevet en question ; et se retire aussitôt pour échapper aux remercîments des deux époux.

B... a amassé une fortune assez considérable. Il a revu quelquefois M. de C... qui est mort, il y a trois ans environ, dans une de ses terres. Lorsqu'on parle à B... du vicomte, il baisse la tête en signe de respect, et dit, à qui veut l'entendre que, s'il a gagné un morceau de pain, ça été grâce à M. de C... Il s'estime l'obligé de celui qu'il a sauvé en 1794 au péril de sa vie.

(*Extrait des souvenirs de la première révolution par Aug. Challamel*).

Latreille sauvé par un insecte.

Bory de St-Vincent, auquel l'histoire naturelle est redevable de grands travaux, a donné à M. Brullé des détails curieux sur un événement de la vie de Latreille pendant la Terreur; et nous ne croyons pas sortir de notre sujet en la transcrivant presque complétement.

Latreille n'était connu, avant 1792, que par des communications d'insectes nouveaux faites aux entomologistes de l'époque, et par des mentions de Fabricius et d'Olivier. Prêtre à Brives-la-Gaillarde, il fut arrêté avec les curés du Limousin qui n'avaient pas prêté serment, et quoique ne desservant pas de paroisse, il dut être compris dans la catégorie. Les malheureux ecclésiastiques, avec ceux qu'on recruta en chemin, furent conduits à Bordeaux, sur des charrettes, pour être embarqués et déportés à la Guyane. Ils arrivèrent vers le mois de juin, et furent déposés à la prison du Grand-Séminaire, en attendant qu'un navire fût préparé pour les transporter. En ce temps, quoique fort jeune (c'est Bory de St-Vincent qui parle), je m'occupais déjà beaucoup de sciences naturelles, et je recueillais surtout beaucoup d'insectes. Le 9 thermidor, qui arriva, fit suspendre la déportation des prêtres; cependant les prisons ne se vidèrent que lentement, et les condamnés à la déportation n'en devaient pas moins être expédiés ;

mais leur départ fut retardé jusqu'au printemps, et Latreille demeura ainsi détenu à la prison du Grand-Séminaire. Dans la chambre qu'occupait Latreille, était un vieil évêque malade, dont un chirurgien allait chaque matin panser les plaies. Quelques jours avant la mort de ce prélat, comme le chirurgien achevait son pansement, un insecte sortit de je ne sais quelle fente du plancher. Latreille le saisit, l'examine, le pique avec une épingle sur un bouchon, et paraît tout content de sa trouvaille.

— C'est donc rare? dit l'élève chirurgien.

— Oui, répondit l'ecclésiastique.

— En ce cas, vous devriez me le donner.

— Pourquoi?

— C'est que je connais une personne qui a une belle collection, et à laquelle il ferait plaisir.

— Eh bien! portez-lui cet insecte; dites-lui comment vous l'avez eu, et priez-le de m'en dire le nom.

Le jeune homme accourut chez moi, me remit le coléoptère, et, malgré toutes mes recherches, je ne pus le déterminer.

Le lendemain, quand l'élève vint savoir ma réponse, je lui dis que je croyais son coléoptère non décrit. Ayant ouï cette décision, Latreille vit que j'étais un adepte, et, comme on ne donnait pas aux détenus de plumes ni de papier, il dit à notre intermédiaire ;

— Je vois bien que M. Bory doit connaître mon nom, vous lui direz que je suis l'abbé Latreille, qui va aller mourir à la Guyane avant de publier son *Examen des genres de Fabricius.*

Quand ceci me fut rapporté, j'obtins, après de nombreuses démarches, que Latreille sortirait de prison, sous la caution de mon oncle de Daryclas et de mon père, comme convalescent, et qu'on le représenterait quand l'autorité le réclamerait. Latreille appareillait déjà lorsque nos démarches parvinrent à obtenir sa liberté. Le bâtiment sur lequel il allait partir sombra en vue de Cordouan, et les marins seuls purent se sauver. Peu de temps après sa sortie de prison, on obtint la radiation de Latreille sur la liste des déportés.

Latreille, pour perpétuer à jamais la mémoire de ce fait, nomma l'insecte *Necrobia ruficollis* (*la vie du mort* à corselet roux). C'est pour ne pas connaître cette particularité de la vie de cet illustre naturaliste que plusieurs auteurs ont traduit le mot de Necrobia par *qui vit sur les morts.*

Courage et sang-froid des Polletais.

Pendant la Révolution, cinq cents émigrés peut-être se rendirent à Dieppe, et s'adressèrent presque tous aux pêcheurs du Pollet (1), qui favorisèrent leur passage

(1) Le Pollet est un faubourg de Dieppe exclusivement habité par des pêcheurs, dont les mœurs, le costume, le langage et le ca-

en Angleterre. Plus d'une famille polletaise doit aujourd'hui son aisance à de fortes récompenses qu'elle reçut à cette époque, pour des services analogues.

S'il vous faut des spectacles grandioses, nous dit Vitet dans son histoire de Dieppe, allez à Brest, allez au Havre, mais venez vivre avec les Polletais, si vous voulez connaître la vie de mer dans ce qu'elle a d'intime et de touchant, si vous avez moins besoin d'admirer que d'être ému.

Le Polletais se fait surtout remarquer par un courage et un sang-froid dans le péril, vraiment extraordinaire, et souvent porté jusqu'à l'héroïsme. S'agit-il de sauver un frère, un ami, il n'est pas de péril qu'il n'affronte; et on le voit exposer sa vie, celle de sa femme et de ses enfants pour le seul plaisir de rendre service: son cœur voit une bonne action à accomplir, et il n'hésite pas un moment. Nous allons en citer un exemple entre mille, que M. de Chavannes a mis en récit dans ses esquisses des mœurs maritimes.

Nous sommes au plus fort de la Terreur; deux émigrés, le marquis et la marquise de V.... parvinrent, après avoir échappé à mille périls, à gagner le port de Dieppe, pour tâcher de passer en Angleterre. Leur déguisement les trahit; reconnus par une brave femme polletaise, ils se réfugient chez-elle, et là, attendent

ractère ont un cachet étranger. On croit qu'ils descendent d'une colonie vénitienne.

que son cousin Antoine ait trouvé un projet d'évasion. Après avoir calculé les chances d'une vingtaine de combinaisons diverses, il s'arrêta au projet suivant :

Le port de Dieppe, presque complétement à sec à marée basse, n'est alors traversé que par un ruisseau, qu'alimente maigrement la rivière d'Arques. A mesure que le flot (1) se réveille, cette espèce de canal se gonfle, s'élargit et finit par envahir tout le bassin du port.

Antoine avait décidé qu'à dix heures du soir, au moment où le canal dont il vient d'être question commencerait à être navigable pour une légère embarcation, il franchirait avec le marquis et la marquise, en passant sur les vases du port, l'espace qui séparait le quai du Pollet du courant d'eau au bord duquel un de ses cousins, nommé Thomas, les attendrait dans une petite péniche (2).

La simplicité même de ce plan rendait son exécution excessivement scabreuse, et sa réussite demandait des précautions infinies. Ainsi, en supposant que l'embarquement dans la péniche se fît sans difficulté, pour sortir du port il fallait passer à trois brasses de la patache stationnaire, puis croiser pendant plus de deux heures dans la rade, sillonnée sans relâche par deux

(1) Flot, flux. Ce premier mot est seul employé par les marins ; ils disent également *èbe, ibe* ou *jurant* pour reflux.

(2) Les péniches sont des canots très-légers et très-étroits ; il y en a depuis six jusqu'à quinze mètres de longueur.

côtres (1) avisos, et, à point nommé, retrouver, au milieu d'épaisses ténèbres, le lougre avec lequel ils devaient gagner les côtes d'Angleterre.

Quelques minutes avant 10 heures, Antoine vint chercher ses passagers. Ils étaient prêts depuis longtemps. A sa vue, la marquise détacha de son cou une petite croix à la jeannette et la présenta à Catherine en lui disant :

— Portez toujours ce bijou en mémoire de moi : il n'a d'autre valeur que celle que vous y attacherez, et c'est pour cela que je vous l'offre, comme un gage de mon amitié, comme le souvenir d'une bonne action.

— Merci, répondit Catherine.... Merci.... c'est bien ce que vous faites là.... Embrassons-nous.

Et la Polletaise, profondément touchée de ce que la marquise n'avait pas songé à s'acquitter envers elle en lui donnant quelques louis, la prit dans ses bras et appliqua sur ses joues deux baisers retentissants.

Pendant qu'entraînée par sa reconnaissance, la marquise oubliait ses préjugés de rang et de fortune et traitait Catherine en amie, Antoine dit rapidement à l'oreille de son mari :

— Avant d'entrer en danse, je dois vous prévenir de deux choses : c'est d'abord que nous n'avons pas plus de chance d'échapper que d'être pris. C'est ensuite qu'en

(1) Le plus petit des bâtiments de guerre. Il a les évolutions les plus promptes, et vire de bord en un clin d'œil.

m'accompagnant vous vous engagez sur l'Évangile à faire tout ce que je commanderai...

— J'ai confiance, partons, répondit simplement le marquis; et s'adressant à Catherine, il ajouta en lui prenant les mains, et en l'embrassant à son tour: Au revoir brave et digne femme...

Vous trouverez là-haut une petite caisse, que vous porterez à la personne à qui elle est adressée, dès que les circonstances le permettront. C'est le dernier service que je vous demande, peut-être; mais c'est aussi celui auquel je tiens le plus... vous me le promettez, n'est-ce pas?

— Je vous le promets, répondit la Polletaise.

Elle ne se doutait pas que sur le couvercle du coffret était attaché un carré de papier portant ces mots:

A Catherine...

En attendant que je puisse mieux m'acquitter envers elle.

Le marquis et la marquise suivirent maître Antoine, après avoir passé par dessus leurs habits un de ces lourds cabans en toile goudronnée, garnis d'un capuchon pointu, vêtement aussi commode que disgracieux, dont la mode avait naguère adopté la coupe. L'ampleur de cette espèce de sac, qui dissimule les formes et la tournure, sa couleur brune et plus encore son usage général au Polleten faisaient un excellent déguisement.

Antoine, afin d'éviter le quai, beaucoup plus fréquenté et par conséquent moins sûr que les sombres ruelles du Pollet, en enfila successivement plusieurs, et s'arrangea de manière à ne déboucher sur le port qu'en face du point où il voulait descendre sur les vases, au moyen d'une de ces échelles placées de distance en distance, et formées d'une vingtaine d'échelons en fer, scellés horizontalement aux deux faces intérieures d'une rainure taillée dans la muraille du quai.

Pour des hommes accoutumés à escalader les haubans et à se promener sur les vergues, cette échelle étroite, à pic, que l'obscurité rendait invisible, laissait sans doute peu de chose à désirer, mais elle eût présenté un obstacle infranchissable à la marquise, si Antoine ne l'eût prise sur ses épaules et transportée jusqu'en bas.

— Vous voyez que ça ne commence pas trop mal, lui dit-il en la déposant avec précaution sur un sol gras et mou, où la marquise enfonça à mi-jambes.

En sentant le terrain manquer sous ses pieds la marquise ne put réprimer un cri étouffé.

A ce cri, quoique bien faible, son mari, qui n'avait encore descendu que les trois quarts des échelons, la croit en danger, s'élance vers elle sans calculer la hauteur où il se trouve, glisse sur la couche limoneuse, tombe et s'y débat en s'efforçant de se relever.

Le bruit particulier, mat et retentissant tout à la fois, d'un corps qui s'agite dans la fange, parvient à deux douaniers de planton sur le quai. Ils se précipitent vers l'endroit d'où il semble partir, en donnant l'alerte à leurs camarades; un brigadier s'avance rapidement, un fallot à la main.

Quelques hommes, qu'Antoine avait postés dans les environs, accourent de leur côté en criant : aux Anglais ! aux Anglais ! et l'un d'eux avisant le porteur de lanterne, dont l'intervention était la plus dangereuse pour les fugitifs, imprime une rude poussée à un de ses camarades et le jette contre le brigadier, qui trébuche et lâche son fallot; se croyant attaqué, il appelle ses hommes à son secours. Ils arrivent, et il s'ensuit une scène de confusion facile à comprendre. Pendant que les douaniers et nos matelots s'expliquent, pendant que ceux-ci protestent qu'ils accourent dans le seul but de prêter main-forte, pendant que le matelot rejette sur l'obscurité sa rencontre avec le brigadier, Antoine profite du court instant de répit que ses amis lui ont ménagé.

Au premier mouvement des douaniers, il avait de chaque main saisi ses passagers par les poignets et les avait entraînés vers la péniche, amarrée à cent mètres de là, au bord du courant d'eau qui se rendait à la mer en traversant tout le port.

— Hardi ! aidez-vous, disait-il d'une voix brève et sourde aux deux fugitifs. — Ils ne nous tiennent pas encore. — De grands pas ! — Arrachez vivement et par secousses vos pieds de cette bouillie ; — bien comme ça !

Et, le corps penché en avant, le vigoureux Polletais, malgré les difficultés du terrain, les tirait après lui sans interrompre sa marche. Quand il sentait la marquise haletante, épuisée, ralentir ses efforts, il la galvanisait par ces terribles paroles :

— Allons, Madame, laisserez-vous prendre votre mari?... Dix pas encore, et il est sauvé !

Les dix pas furents faits.

— Aide à embarquer, dit Antoine à Thomas en atteignant la péniche que ce dernier gardait..... et filons en double, car nous sommes chassés.

— Bah ! répondit Thomas en casant le marquis à l'arrière de l'embarcation, le bon Dieu est pour nous, car il nous envoie un temps à souhait, une brume à couper par tranches.

Antoine plaça la marquise à côté de son mari, saisit un aviron et reprit :

— Es-tu paré?

— Si tu veux, dit Thomas à son poste.

— Avant ! commanda Antoine.

Et les deux pelles des avirons plongèrent à la fois sans causer le plus léger bruit. La péniche elle-même se mit à glisser silencieusement sur l'eau, aucun murmure ne trahissait son sillage, ce qui prouvait à la fois l'heureuse combinaison de ses formes et l'habileté des rameurs.

Antoine et Thomas, au lieu de manier leurs avirons dans la posture ordinaire, c'est-à-dire assis et présentant le dos au nez du canot, nageaient debout et le visage tourné vers l'avant. L'absence d'un timonnier, et la nécessité de suivre un canal étroit et sinueux, en dirigeant leur marche d'après la position des réverbères du quai de Dieppe qui clignotaient noyés dans un épais brouillard, rendaient cette manœuvre indispensable.

Tout à coup le marquis, jetant les yeux vers le Pollet, vit plusieurs lanternes qui semblaient suivre, sur les vases du port, le chemin qu'il venait de parcourir lui-même.

— On nous poursuit, voyez, dit-il à Antoine.

— Ça ne pouvait pas manquer, répartit le Polletais; mais ils n'ont point de canot paré.

Au même instant, Thomas reconnut le gisement de la patache échouée sur le sable par l'ouverture de l'angle que formaient les fanaux placés aux deux extrémités de l'embarcation.

— La patache est en travers dans le chenal, dit-il, il ne nous reste pas un passage de deux brasses pour la doubler; nous serons vus.

— Avant toujours! répondit Antoine.

Il n'y avait pas à balancer, en effet; les douaniers, guidés par les traces profondément empreintes sur la terre, arrivaient au lieu de l'embarquement. Leur donner le temps de prévenir le poste de la jetée de Dieppe, c'était se perdre sans ressource; il fallait tout risquer pour sortir du port.

La péniche continua donc sa course rapide. Perdue dans l'obscurité, elle arriva inaperçue à huit pas de la patache; mais elle ne put traverser la nappe lumineuse projetée sur l'eau par le fanal, sans frapper les yeux du factionnaire. Il vit la barque passer comme un éclair et disparaître.

— Arrêtez, cria-t-il.

— Good night (bonsoir), répondit Antoine avec un éclat de rire que Thomas appuya par le juron si familier à nos voisins d'Outre-Manche, et instantanément, dans la prévision de la fusillade que cette réponse devait leur attirer, ils changèrent l'allure de la péniche, qui fit un brusque crochet, rasa la jetée de l'ouest, et courut parallèlement au rivage.

Malgré la promptitude des gardes-côtes à tirer dans la direction des voix qui les avaient si insolemment bravés, les balles tombèrent loin de la péniche.

— Ah ça! matelot, dit Thomas, quand ils furent arrivés sous les falaises que couronne le château de Dieppe, parages où ils n'avaient plus rien à redouter du côté de la terre, c'était donc pour le plaisir de nous faire mitrailler un peu, que tu t'es mis à parler anglais?

— Tu n'en verras donc jamais plus long que ta pipe? répartit Antoine en rentrant son aviron, mouvement qu'imita sur-le-champ Thomas; t'imagines-tu que si j'avais laissé croire au capitaine de port et au commandant de place, qu'un canot du Pollet, forçant la consigne, était sorti cette nuit, ils auraient été assez innocents pour permettre au lougre d'appareiller trois heures plus tard? Il fallait bien leur donner le change, au risque de nous faire plomber. Les voilà bien persuadés qu'ils ont eu affaire à des prisonniers ou à des espions.

— Tenez, dit Thomas en s'adressant au marquis, nous ne sommes tous que des moussaillons à côté de ce gabier-là. Penser au capitaine de port, au lougre, à tout le tremblement, quand ça chauffait comme tout à l'heure, excusez!

Le marquis partageait l'admiration et l'étonnement de Thomas, mais il l'exprima autrement, puis il ajouta :

— Quelle route allons-nous tenir maintenant?

— Nous sommes trop bien ici pour n'y pas rester jusqu'à ce que nous puissions essayer d'accoster le lougre, répondit Antoine. Il n'y a pas six pouces d'eau sous notre quille, et tout autour de nous ce n'est que rocs et brisants; je vous garantis qu'on ne viendra pas nous y chercher!... Prends la gaffe Thomas, et tâche d'accrocher une pointe à babord, la marée doit nous porter sur le Fourneau (1).

— Je la tiens, dit Thomas après avoir tâtonné quelques minutes.

La péniche, subitement arrêtée dans son mouvement de dérive, pencha, pirouetta sur elle-même, puis se redressa et demeura immobile.

(1) C'est le nom donné par les pêcheurs à une roche, qui est apparente à mer basse.

— Ah! mon Dieu! murmura la marquise, effrayée par l'inclinaison et la subite évolution du canot.

— Ce n'est rien, not'dame, reprit Thomas..... une simple évitée : à présent, vous voilà, pour le quart d'heure, en sûreté comme chez Catherine... Un fier brin de femme, n'est-ce pas?

— Oh! oui, répondit la marquise, qui, depuis son embarquement, avait cherché un refuge dans les bras de son mari, une femme comme on en rencontre bien peu! un cœur d'or!

Antoine, après avoir solidement amarré le manche de la gaffe, s'étendit sur les bancs de l'embarcation, et engagea son compagnon à faire comme lui ses provisions de sommeil; au bout de 10 minutes, tous les deux dormaient profondément.

Pour peu que le lecteur réfléchisse à l'influence irrésistible qu'exercent involontairement et malgré nous, sur la couleur de nos pensées, les lieux où nous nous trouvons, et qui leur servent pour ainsi dire de cadre, il s'imaginera facilement ce que durent éprouver le marquis et sa femme, balancés pendant une heure et demie sur un frêle esquif, au milieu des ténèbres d'une nuit froide et brumeuse. Ils s'abandonnèrent, il est vrai, pendant quelques instants, à tous les charmes de cette sensation intime et profonde qui dilate le cœur après un grand péril.

Mais cette sensation fut courte et fugitive, et elle fit

promptement place à la douloureuse contemplation des dangers qui les attendaient encore.

Nous avons laissé les matelots cherchant à persuader au brigadier de la douane qu'il ne devait attribuer sa mésaventure et la chute de sa lanterne qu'à leur empressement à voler au secours de ses hommes.

Pour donner plus de probabilité à cette explication, les trois Polletais eurent l'air de seconder de leur mieux les recherches auxquelles se livrèrent les douaniers. L'un d'eux battit le briquet pour rallumer le falot, et indiqua le premier les traces des fugitifs imprimés sur la vase, traces trop apparentes d'ailleurs pour échapper aux yeux des brigadiers.

Tous se précipitèrent sur cette piste si facile à suivre, et atteignirent le point où l'embarquement avait eu lieu.

— Tenez, dit le matelot, voilà la souille (1) d'une yole. Sûr, ce sont des espions anglais qui sont venus pour reconnaître la batterie neuve du Pollet. Ils doivent être encore dans le port, car les gens de la patache ne les laisseront pas passer.

— Si c'était par hasard ces hommes que nous avons rencontrés en nous rendant au bateau, ajouta un autre, ils faisaient mine de venir de la jetée.

Les cinq ou six coups de fusil que la péniche essuyait,

(1) Empreinte que forme dans la vase ou dans le sable un bâtiment échoué.

en sortant du port, retentirent en ce moment, et coupèrent la parole au matelot. Mus par des sentiments bien opposés, douaniers et Polletais prirent leur élan vers la patache, en suivant les bords du cours d'eau.

— Les tenez-vous, ces brigands? demanda le brigadier, dès qu'il fut à portée de voix de la patache; nous es serrions pourtant de près!

— Si nous ne les tenons pas, répondit un sergent des gardes-côtes, ils n'en valent pas mieux, nous les avons mitraillés en veux-tu, en voilà.

— Alors le flot va ramener leur embarcation à terre, fit observer un matelot.

— Mais comment avez-vous pu laisser passer ces gens-là? reprit le brigadier.

— Vous les avez bien laissés embarquer, vous, répliqua aigrement le sergent.

— Nous n'avons pas comme vous une largeur de deux brasses à garder... Vous ne direz pas qu'ils n'ont point filé à votre barbe et à votre nez. C'est du propre!

L'arrivée d'un officier à la tête d'un détachement vint couper court à ce débat.

Le brigadier, afin de pouvoir enjoliver à son aise le récit de ses hauts faits, qui se bornaient en réalité à une chute et à une course dans la boue, commença par vanter le zèle patriotique de nos matelots polletais. Se croyant certain alors de ne pas être démenti par les témoins de ses exploits, intéressés à sa gloire, il abusa outre mesure des licences poétiques du style de bulletin; le sergent ne voulut pas rester en arrière en fait d'imagination. L'officier, dans son rapport, enchérit et brocha sur le tout, en sorte que la ville de Dieppe apprit, non sans étonnement, en se réveillant le lendemain, que sans la vigilance et l'énergie de ses défenseurs, elle eût peut-être été pillée et saccagée par une descente des troupes anglaises, dont l'avant-garde avait été victorieusement repoussée.

Comme Antoine l'avait si bien conjecturé, le lougre put appareiller et sortir à minuit et demie, sans être inquiété, et, après avoir surveillé le canot d'un croiseur français qui vint visiter le bâtiment, il rejoignit le lougre, au moyen de signaux convenus. Le marquis et la marquise purent ainsi gagner l'île de Wight et furent sauvés.

Nous engageons le lecteur à lire cet épisode dont les péripéties se déroulent avec tant d'intérêt, dans l'ouvrage publié par M. de Chavanne et qui a pour titre : *Simon le Polletais*.

Derniers moments de Louis XVI.

Le 17 janvier 1793, Malesherbes était entré dans la tour du Temple; il se jeta aux pieds du monarque, si injustement condamné; Louis le comprit, le consola, demanda des détails, entendit avec surprise, mais sans trouble, tout ce qui devait déchirer son cœur : il se livra faiblement à l'espoir du sursis que Malesherbes lui présentait, et comme s'il eût voulu seulement ménager la douleur de son ami. Il resta quelque temps enfermé avec lui, et quand il le vit partir il le suivit des yeux avec attendrissement. Il eut à supporter pendant deux jours le supplice de l'attente : ce sursis serait-il accordé? Il disait souvent, avec tristesse, je ne vois pas revenir M. de Malesherbes; il soupirait quelquefois, et il nommait la reine, sa famille et son peuple, encore son peuple. Louis, aux approches de la mort, ne cessa d'être soutenu par le sentiment céleste qui, un mois auparavant, et lorsque sa destinée était encore incertaine, lui avait dicté son testament, l'un des plus beaux actes dont la religion ait à s'honorer.

Ce n'est plus Malesherbes qui revient vers lui : un bruit sinistre retentit dans le Temple; le ministre de la justice, Garat, remplit l'odieuse mission de venir lire à Louis le décret de mort. Au mot de conspiration contre l'Etat, le roi semble vouloir réclamer contre l'injustice des hommes; au mot de mort, il ne voit plus que le ciel. Il remet au ministre de la justice une lettre adressée à la Convention; il y faisait plusieurs demandes, quelques-unes lui furent accordées, et la Convention eut le front de déclarer à son roi *que le peuple français, toujours magnanime, prendrait soin de sa famille.* Quelle promesse dérisoire! Et comme ils l'ont tenue!

Le martyr avait obtenu de faire ses derniers adieux à sa famille. Il lui semble que c'est ici que commencent ses épreuves : sa famille, elle ignore tout... Après quelques instants d'un douloureux silence les sanglots éclatent. Derrière un vitrage, des surveillants les observent : ils entendent les bénédictions données par le plus malheureux des pères à ses malheureux enfants ; ils voient ces embrassements et ces convulsions de la douleur. Louis s'arrache des bras de sa femme, de sa sœur, de ses enfants : il succombait à ses émotions. Il reçut alors la plus précieuse consolation qu'il eût demandée : Garat lui amenait le confesseur qu'il avait désigné, M. Edgeworth de Firmont, prêtre irlandais.

La nuit qui précadé son supplice, ce juste dormit d'un sommeil profond et paisible. M. Edgeworth et le fidèle Cléry veillèrent auprès de lui. Le jour n'avait pas encore paru que le bruit des tambours, des canons, répandait déjà de tous côtés la terreur dans Paris. Plusieurs personnes, particulièrement des femmes, fuyaient la capitale pour n'être pas témoins de l'exécrable forfait qu'elles étaient impuissantes à empêcher et pour lequel elles redoutaient la vengeance céleste. Ainsi qu'au jour du déicide, le soleil se voila et refusa sa lumière. Des contemporains, nonogénaires aujourd'hui, assurent n'avoir jamais vu jour plus sombre et plus nébuleux.

Cependant, Louis, calme et recueilli dans le seul sentiment qui fait taire les douleurs humaines, assistait à une cérémonie religieuse, permise, pour cette fois, exceptionnellement, dans la prison ; il se préparait en participant à l'auguste sacrifice des chrétiens, au sacrifice dont il allait être lui-même la victime. Resté seul ensuite avec Cléry, il lui parla de lui, des précautions qu'il avait à prendre pour que son zèle ne lui fût pas funeste ; puis il lui remit les derniers gages de tendresse qu'il avait à léguer. — Vous remettrez ce cachet à mon fils, cet anneau à la reine ; dites-lui que je le quitte avec peine. — Faites leurs mes adieux : j'avais promis de les revoir ; j'ai voulu leur éviter une séparation si cruelle.... Santerre entra. — Vous venez me chercher ; je vous demande une minute. — Il pria un exécrable prêtre défroqué, nommé Jacques Roux, commissaire de la commune de remettre une lettre à la reine ; il se reprit : à ma femme. — Cela ne me regarde pas, répondit ce barbare ; je ne suis ici que pour vous conduire à l'échafaud. — Un autre accepte, ou paraît accepter cette commission. Il se tourna vers Santerre. — Partons. Ainsi dit le Christ, se levant pour marcher au jardin des Oliviers.

Arrivé au pied de l'échafaud, Louis reçut de son confesseur ces paroles inspirées : *Fils de saint Louis, montez au ciel!* Puis se tournant vers le peuple il prononça ces mots d'une voix ferme : *Français, je meurs innocent, je pardonne à mes ennemis ; je désire que ma mort....* On n'en entendit pas davantage ; un roulement de tambours commandé par Santerre, qui craignait une manifestation populaire, étouffa la voix du martyr.

Les habitants de Paris sous les armes furent témoins

du supplice. Ils avaient été appelés pour le protéger. La commune de Paris n'ignorait pas que l'immense majorité de ses citoyens voyait avec horreur cet attentat. Elle es arma pour n'en avoir rien à craindre; c'est-à-dire qu'elle les rangea timides, soupçonneux, sous la conduite de ses licteurs. On se rendait en alarme à la section; malheur aux absents, leurs noms étaient inscrits. En entrant dans les rangs on était étonné de voir tant d'hommes complices de la mort du roi, tous les lâches en avaient augmenté le nombre. Une double haie d'hommes, ainsi assemblés, bordait toutes les voies par où Louis était conduit à la mort. Lorsqu'on le voyait ou qu'on croyait le voir (il était presque caché dans la voiture par ceux qui le conduisaient) l'arme semblait tomber des mains tremblantes qui la tenaient. Les cris féroces étaient peu répétés : on retenait ses sanglots; on craignait d'avoir été aperçu. Mais lorsque le régicide fut consommé, la douleur publique laissa un plus profond témoignage d'elle-même : on revenait morne, absorbé; la populace elle-même, soit pitié, soit ressentiment d'avoir vu sa curiosité trompée, chargeait d'imprécations Santerre, qui avait étouffé les dernières paroles du roi. Pendant tout le jour les rues de Paris furent silencieuses, presque désertes : on s'enfermait dans sa famille pour pleurer, tandis que des bandes de brigands avinés parcourant la voie publique exprimaient par leurs chants et leurs danses barbares la fureur en voulant imiter la joie. L'anniversaire de ce jour de funeste mémoire fut célébré pendant sept ans à Paris comme un jour de fête. Pendant les quinze années qu'a duré le gouvernement de la Restauration, il a été honoré avec un grand deuil, et un service funèbre très-solennel dans toutes les églises de France, avec lecture en chaire de l'immortel testament dont les exemplaires sont devenus aujourd'hui assez rares pour que nous croyions faire une chose très-utile en le reproduisant :

Testament de Louis XVI, roi de France et de Navarre.

Au nom de la très-sainte Trinité, du père, du fils et du Saint-Esprit, aujourd'hui 25 décembre 1792, moi, Louis XVI, du nom, roi de France, étant depuis plus de quatre mois enfermé avec ma famille, dans la tour du Temple, à Paris, par ceux qui étaient mes sujets, et privé de toutes communications quelconques, même depuis le 11 du courant avec ma famille ; de plus, impliqué dans un procès dont il est impossible de prévoir l'issue à cause des passions des hommes, et dont on ne trouve aucun prétexte ni moyen dans aucune loi existante, n'ayant que Dieu pour témoin de mes pensées, et auquel je puisse m'adresser, je déclare ici en sa présence mes dernières volontés et mes sentiments. Je laisse mon âme à Dieu, mon créateur. Je le prie de la recevoir dans sa miséricorde, et de ne pas la juger d'après ses mérites, mais par ceux de Notre-Seigneur Jésus-Christ, qui s'est offert en sacrifice à Dieu son père, pour nous autres hommes, quels qu'indignes que nous en fussions, et moi le premier. Je meurs dans l'union de notre sainte mère l'Église catholique, apostolique et romaine, qui tient ses pouvoirs, par une succession non interrompue, de saint Pierre, auquel Jésus-Christ les avait confiés. Je crois fermement et je confesse tout ce qui est contenu dans le symbole et les commandements de Dieu et de l'Église, les sacrements et les mystères, tels que l'Église les enseigne et les a toujours enseignés. Je n'ai jamais prétendu me rendre juge dans les différentes manières d'expliquer les dogmes qui déchirent l'Église de Jésus-Christ; mais je m'en suis rapporté et rapporterai toujours, si Dieu m'accorde la vie, aux décisions que les supérieurs ecclésiastiques, unis à la sainte Église catholique, donnent et donneront conformément à la discipline de l'Église suivie depuis Jésus-Christ. Je plains de tout mon cœur nos frères qui peuvent être dans l'erreur; mais je ne prétends pas les juger, et je ne les aime pas moins tous en Jésus-Christ, suivant ce que la charité chrétienne nous enseigne. Je prie Dieu de me pardonner tous mes péchés. J'ai cherché à les connaître scrupuleusement, à les détester, et à m'humilier en sa présence. Ne pouvant me servir de ministère d'un prêtre catholique, je prie Dieu de recevoir la confession que je lui ai faite, et surtout le repentir profond que j'ai d'avoir mis mon nom (quoique cela fut contre ma volonté) à des actes qui peuvent être contraires à la discipline et à la croyance de l'Église catholique, à laquelle je suis resté sincèrement uni de cœur. Je prie Dieu de recevoir la ferme résolution où je suis, s'il m'accorde la vie, de me servir aussitôt que je le pourrai du ministère d'un prêtre catholique pour m'accuser de tous mes péchés et recevoir le sacrement de pénitence. Je prie tous ceux que je pourrais avoir offensés par inadvertance, car je ne me rappelle pas d'avoir fait sciemment aucune offense à personne, ou ceux à qui j'aurais pu avoir donné de mauvais exemples ou des scandales, de me pardonner le mal qu'ils croient que je peux leur avoir fait. Je prie tous ceux qui ont de la charité, d'unir leurs prières aux miennes pour obtenir de Dieu le pardon de mes péchés. Je pardonne de tout mon cœur à ceux qui se sont faits mes ennemis, sans que je leur en aie donné aucun sujet, et je prie Dieu de leur pardonner, de même qu'à ceux qui par un faux zèle ou un zèle mal entendu, m'ont fait beaucoup de mal. Je recommande à Dieu ma femme, mes enfants, ma sœur, mes tantes, mes frères, et tous ceux qui me sont attachés par les liens du sang ou par quelque autre manière que ce puisse être. Je prie Dieu particulièrement de jeter des yeux de miséricorde sur ma femme, mes enfants et ma sœur, qui souffrent depuis longtemps avec moi, de les soutenir par sa grâce s'ils viennent à me perdre, et tant qu'ils resteront dans ce monde périssable. Je recommande mes enfants à ma femme; je n'ai jamais douté de sa tendresse maternelle pour eux : je lui recommande surtout d'en faire de bons chrétiens et d'honnêtes hommes, de leur faire regarder les grandeurs de ce monde-ci (s'ils sont condamnés à les éprouver) comme des biens dangereux et périssables, et de tourner leurs regards vers la seule gloire solide et durable de l'éternité. Je prie ma sœur de vouloir bien continuer sa tendresse à mes enfants, et de leur tenir lieu de mère, s'ils avaient le malheur de perdre la leur. Je prie ma femme de me pardonner tous les maux qu'elle souffre pour moi, et les chagrins que je pourrais lui avoir donnés pendant le cours de notre union; comme elle peut être sûre que je ne garde rien contre elle, si elle croyait avoir quelque chose à se reprocher. Je recommande bien vivement à mes enfants, après ce qu'ils doivent à Dieu, qui doit marcher avant tout, de rester toujours unis entre eux, soumis et obéissants à leur mère, et reconnaissants de tous les soins et les peines qu'elle se donne pour eux en mémoire de moi. Je les prie de regarder ma sœur comme une seconde mère. Je recommande à mon fils, s'il avait le malheur de devenir roi, de songer qu'il se doit tout entier au bonheur de ses concitoyens; qu'il doit oublier toute haine et tout ressentiment, et nommément tout ce qui a rapport aux malheurs et aux chagrins que j'éprouve; qu'il ne peut faire le bonheur des peuples qu'en régnant suivant les lois, mais en même temps qu'un roi ne peut les faire respecter et faire le bien qui est dans son cœur, qu'autant qu'il a l'autorité nécessaire, et qu'autrement, lié dans ses opérations et n'inspirant point de respect, il est plus nuisible qu'utile. Je recommande à mon fils d'avoir soin de toutes les personnes qui m'étaient attachées, autant que les circonstances où il se trouvera lui en laisseront les facultés ; de songer que c'est une dette sacrée que j'ai contractée envers les enfants ou les parents de ceux qui ont péri pour moi, et ensuite de ceux qui sont malheureux pour moi. Je sais qu'il y a plusieurs personnes de celles qui m'étaient attachées, qui ne se sont pas conduites envers moi comme elles le doivent, et qui ont même montré de l'ingratitude. Mais je leur pardonne (souvent, dans les moments de trouble et d'effervescence, on n'est pas maître de soi), et je prie mon fils, s'il en trouve l'occasion, de ne songer qu'à leur malheur. Je voudrais pouvoir témoigner ici ma reconnaissance à ceux qui m'ont montré un attachement véritable et désintéressé. D'un côté, si j'étais sensiblement touché de l'ingratitude et de la déloyauté de ceux à qui je n'avais jamais témoigné que des bontés, à eux, à leurs parents ou amis ; de l'autre, j'ai eu de la consolation à voir l'attachement et l'intérêt gratuit que beaucoup de personnes m'ont montrés ; je les prie d'en recevoir tous mes remercîments. Dans la situation où sont encore les choses, je craindrais de les compromettre si je parlais plus explicitement ; mais je recommande spécialement à mon fils de chercher les occasions de pouvoir les reconnaître. Je croirais calomnier cependant les sentiments de la nation, si je ne recommandais ouvertement à mon fils MM. de Chamilly et Hue, que leur véritable attachement pour moi avaient porté à s'enfermer avec moi dans ce triste séjour, et qui ont pensé en être les malheureuses victimes. Je lui recommande aussi Cléry, des soins duquel j'ai eu tout lieu de me louer depuis qu'il est avec moi. Comme c'est lui qui est resté avec moi jusqu'à la fin, je prie Messieurs de la Commune de lui remettre mes hardes, mes livres, ma montre, ma bourse, et les autres petits effets qui ont été déposés au conseil de la Commune. Je pardonne encore très-volontiers à ceux qui me gardaient les mauvais traitements et les gênes dont ils ont cru devoir user envers moi. J'ai trouvé quelques âmes sensibles et compâtissantes; que celles-là jouissent dans leur cœur de la tranquillité que doit leur donner leur façon de penser. Je prie MM. Malesherbes, Tronchet et de Sèze, de recevoir ici tous mes remercîments, et l'expression de ma sensibilité pour tous les soins et les peines qu'ils se sont donnés pour moi. Je finis en déclarant devant Dieu, et prêt à paraître devant lui, que je ne me reproche aucun des crimes qui sont avancés contre moi.

Signé, Louis.

Un témoignage non suspect.

Les ennemis du roi, auxquels il pardonnait en mourant, ne lui pardonnaient pas, eux. Ils l'accusèrent d'avoir montré de la lâcheté, et un journal, *le Patriote*, ramassa cette calomnie. L'article publié à ce sujet motiva cette réponse de l'exécuteur Sanson :

Lettre du citoyen Sanson, principal exécuteur des jugements criminels, au rédacteur du PATRIOTE.

« Citoyen,

« Un voyage d'un instant a été la cause que je n'ai pas eu l'honneur de répondre à l'invitation que vous m'avez faite dans votre journal au sujet de Louis Capet. Voici, suivant ma promesse, l'exacte vérité de ce qui s'est passé. Descendant de la voiture pour l'exécution, on lui a dit qu'il fallait ôter son habit ; il fit quelques difficultés, en disant qu'on pouvait l'exécuter comme il était. Sur la représentation que la chose était impossible, il a lui-même aidé à ôter son habit. Il fit ensuite la même difficulté lorsqu'il s'est agi de lui lier les mains, qu'il donna lui-même lorsque la personne qui l'accompagnait lui eut dit que c'était un dernier sacrifice. Il s'informa si les tambours battraient toujours ; il lui fut répondu qu'on n'en savait rien, et c'était la vérité. Il monta sur l'échafaud. Il voulut *foncer* sur le devant, comme voulant parler, mais on lui représenta que la chose était impossible encore ; il se laissa conduire à l'endroit où on l'attacha et où il s'est écrié : *Peuple, je meurs innocent!* ensuite, se retournant vers nous, il nous dit : Je suis innocent de tout ce dont on m'inculpe. Je souhaite que mon sang puisse cimenter le bonheur des Français. Voilà, citoyen, ses dernières et véritables paroles.

« L'espèce de petit débat qui se fit au pied de l'échafaud, roulait sur ce qu'il ne croyait pas nécessaire qu'il ôtât son habit, et qu'on lui liât les mains. Il fit aussi la proposition de se couper lui-même les cheveux.

« Et pour rendre hommage à la vérité, il a soutenu tout cela avec un sang-froid et une fermeté qui nous a tous étonnés, et je reste très-convaincu qu'il avait puisé cette fermeté dans les principes de la religion dont personne plus que lui ne paraissait pénétré et persuadé.

« Vous pouvez être assuré, citoyen, que voilà la vérité dans son plus grand jour.

« SANSON.

« Paris, ce 20 fevrier, an Ier de la République. »

Derniers moments de Marie-Antoinette.

(16 octobre 1793).

Marie-Antoinette avait été séparée de sa sœur, de sa fille et de son fils, en vertu du décret qui ordonnait le jugement ou la déportation des derniers membres de la famille des Bourbons. On l'avait transférée à la Conciergerie; et là, seule, dans une prison étroite, elle était réduite au plus stricte nécessaire comme tous les autres prisonniers. L'imprudence d'un ami dévoué rendit sa situation encore plus pénible. Un membre de la municipalité, Michonnis, auquel elle inspirait un vif intérêt, voulut introduire auprès d'elle un individu qui voulait, disait-il, la voir par curiosité. Cet individu était un émigré courageux, mais imprudent, qui lui jeta un œillet renfermant ces mots écrits sur un papier très-fin : *Vos amis sont prêts*. Espérance fausse, et aussi dangereuse pour celle qui la recevait que pour celui qui la donnait ! Michonnis et l'émigré furent découverts et arrêtés sur-le-champ ; la surveillance exercée à l'égard de l'infortunée prisonnière devint dès ce jour encore plus rigoureuse. Des gendarmes devaient être sans cesse à la porte de sa prison, et il leur était expressémen défendu de répondre à aucune de ses paroles.

Le misérable Hébert, substitut de Chaumette, et rédacteur de la dégoûtante feuille du *père Duchêne,* l'écrivain du parti dont Vincent, Rousin, Varlet, Leclerc, étaient chefs, Hébert s'était particulièrement attaché à tourmenter les restes infortunés de la famille détrônée. Il prétendait que la famille du tyran ne devait pas mieux être traitée qu'une famille sans-culotte ; et il avait fait rendre un arrêté qui supprimait l'espèce de luxe avec lequel on avait nourri jusque-là les prisonniers du Temple. On interdisait aux détenues la volaille et la pâtisserie ; on les réduisait à une seule espèce d'aliment à déjeûner, à un potage, à un bouilli et un plat quelconque à dîner ; à deux plats à souper, et une demie-bouteille de vin par tête. La bougie était remplacée par la chandelle, l'argenterie par l'étain, et la porcelaine par la faïence. Les porteurs d'eau ou de bois pouvaient seuls entrer dans leur chambre, accompagnés de deux commissaires. Les aliments ne leur parvenaient qu'au moyen d'un tour. Le nombreux domestique était réduit à un cuisinier, un aide, deux servants, et une femme de charge pour le linge.

Immédiatement après cet arrêté, Hébert s'était rendu au Temple, et avait inhumainement arraché aux deux infortunées prisonnières jusqu'à de petits meubles, auxquels elles tenaient beaucoup. Quatre-vingts louis que madame Élisabeth avait en réserve, et qu'elle avait reçus de madame de Lamballe, lui furent enlevés. Nul n'est plus dangereux, plus cruel que l'homme sans lumières et sans éducation, revêtu d'une autorité récente. S'il a, surtout, une âme vile; si, comme Hébert, qui distribuait des contre-marques à la porte d'un théâtre, et volait sur les recettes, il est sans moralité naturelle, et s'il arrive tout à coup de la fange de sa condition au pouvoir, il se montrera aussi bas qu'atroce. Tel fut Hébert dans sa conduite au Temple. Il ne se borna pas aux vexations que nous venons de rapporter; lui et quelques autres imaginèrent de séparer le jeune prince de sa tante et de sa sœur. Un cordonnier, nommé Simon, et sa femme furent les instituteurs auxquels ont cru devoir le confier pour lui donner l'éducation des sans-culottes. Simon et sa femme s'enfermèrent au Temple, et devenant prisonniers avec le malheureux enfant, se chargèrent de le soigner à leur manière. Leur nourriture était meilleure que celle des princesses, et ils partageaient la table des commissaires municipaux qui étaient de garde. Simon pouvait, accompagné de deux commissaires, descendre dans la cour du Temple avec le jeune prince, afin de lui procurer un peu d'exercice.

Hébert conçut la pensée infâme d'arracher à cet enfant des calomnies contre sa malheureuse mère. Soit que ce misérable prêtât à l'enfant de fausses révélations, soit qu'il eût abusé de son âge et de son état pour lui arracher tout ce qu'il voulait, il provoqua une déposition révoltante; et comme l'âge du jeune prince ne permettait pas de le conduire au tribunal, Hébert vint y rapporter à sa place les infamies que lui-même avait supposées.

Ce fut le 14 octobre que Marie-Antoinette parut devant ses juges. Traînée au sanglant tribunal par l'inexorable vengeance révolutionnaire, elle n'y paraissait avec aucune chance d'acquittement, car ce n'était pas pour l'y faire absoudre que les Jacobins l'y avaient appelée. Cependant il fallait énoncer des griefs.

Fouquier recueillit les bruits répandus dans le peuple, depuis l'arrivée de la princesse en France; et, dans l'acte d'accusation, il lui reprocha d'avoir dilapidé le trésor, d'abord pour ses plaisirs, puis pour faire passer des fonds à l'empereur, son frère. Il insista sur les scènes des 5 et 6 octobre, et sur les repas des gardes du corps, prétendant qu'elle avait tramé à cette époque un complot qui obligea le peuple à se transporter à Versailles pour le déjouer. Il lui imputa ensuite de s'être emparée de son époux, de s'être mêlée du choix des ministres, d'avoir conduit elle-même les intrigues avec les députés gagnés à la cour, d'avoir préparé le voyage à Varennes, d'avoir amené la guerre, et livré aux généraux ennemis tous nos plans de campagne. Il l'accusa d'avoir préparé une nouvelle conspiration au 10 août, d'avoir fait tirer ce jour-là sur le peuple, et engagé son époux à se défendre en le taxant de lâcheté; enfin, de n'avoir cessé de machiner et de correspondre au dehors depuis sa captivité au Temple, et d'y avoir traité son fils en roi. On voit comment tout est travesti et tourné à crime au jour terrible où les vengeances des peuples longtemps différées éclatent enfin, et frappent ceux de leurs princes qui ne les ont pas méritées. On voit comment la prodigalité, l'amour des plaisirs, si naturels chez une jeune princesse, comment son attachement à son pays, son influence sur son époux, ses regrets plus indiscrets toujours chez une femme que chez un homme, son courage même plus hardi, se peignait dans ses imaginations irritées ou méchantes.

Il fallait des témoins, on appela Lecointre, député de Versailles, qui avait vu les 5 et 6 octobre; Hébert, qui avait visité souvent le Temple, divers employés des ministères, et plusieurs domestiques de l'ancienne cour. On tira de leurs prisons, pour les faire comparaître, l'amiral d'Estaing, ancien commandant de la garde nationale de Versailles ; l'ex-procureur de la commune, Manuel; Latour-du-Pin, ministre de la guerre en 1789 ; Bailly, qui, dit-on, avait été avec Lafayette complice du du voyage à Varennes; enfin Valazé, l'un des girondins destinés à l'échafaud.

Aucun fait précis ne fut articulé. Les uns avaient vu la reine joyeuse lorsque les gardes du corps lui témoignaient leur dévouement; les autres l'avaient vue triste et courroucée lorsqu'on la conduisait à Paris, ou lorsqu'on la ramenait de Varennes; ceux-ci avaient assisté à des fêtes splendides qui devaient coûter des sommes énormes; ceux-là avaient entendu dire dans les bureaux ministériels que la reine s'opposait à la sanction des décrets. Une ancienne femme de service à la cour, avait, en 1788, ouï dire au duc de Coigny, que l'empereur avait déjà reçu deux cents millions de la France pour faire la guerre aux Turcs.

Le cynique Hébert, amené devant l'infortunée reine, osa enfin apporter les accusations dictées au jeune prince. Il dit que Charles Capet avait raconté à Simon le voyage à Varennes, et désigné Lafayette et Bailly comme en étant les coopérateurs. Puis il ajouta que cet enfant avait des vices funestes et bien prématurés pour son âge; que Simon l'ayant surpris et l'ayant interrogé, avait appris qu'il tenait de sa mère les vices auxquels il se livrait. Hébert ajouta que Marie-Antoinette voulait sans doute, en affaiblissant de bonne heure la constitution physique de son fils, s'assurer le moyen de le dominer, s'il remontait sur le trône.

Les bruits échappés d'une cour méchante, pendant vingt années, avaient donné au peuple l'opinion la plus défavorable des mœurs de la reine. Cependant cet auditoire tout jacobin fut révolté des accusations d'Hébert. Celui-ci n'en persista pas moins à les soutenir. Cette mère infortunée ne répondait pas; pressée de nouveau de s'expliquer, elle dit avec une émotion extraordinaire :

— Je croyais que la nature me dispenserait de répondre à une telle imputation; mais j'en appelle au cœur de toutes les mères ici présentes.

Cette réponse si noble et si simple remua tous les assistants. Cependant tout ne fut pas aussi amer pour

Marie-Antoinette dans les dépositions des témoins. Le brave d'Estaing, parla du courage qu'elle montra les 5 et 6 octobre, de la noble résolution qu'elle exprima de mourir auprès de son époux plutôt que de fuir. Manuel, malgré ses hostilités avec la cour pendant la législative, déclara ne pouvoir rien dire contre l'accusée. Quant Bailly fut amené, il parut douloureusement affecté, et comme on lui demandait s'il connaissait la femme Capet.

— Oui, dit-il, en s'inclinant avec respect, j'ai connu *Madame*.

Il déclara ne rien savoir, et soutint que les déclarations arrachées au jeune prince, relativement au voyage à Varennes, étaient fausses. En récompense de sa déposition, il reçut des reproches outrageants, et put juger du sort qui lui était bientôt réservé. Il n'y eut dans l'instruction que deux faits graves, attestés par Latour-du-Pin et Valazé, qui ne déposèrent que parce qu'ils ne pouvaient pas s'en dispenser. Latour-du-Pin avoua que Marie-Antoinette lui avait demandé un état exact des armées pendant qu'il était ministre de la guerre. Valazé toujours froid, mais respectueux pour le malheur, ne voulut rien dire à la charge de l'accusée ; cependant il ne put s'empêcher de déclarer que, membre de la commission des vingt-quatre, et chargé avec ses collègues de vérifier les papiers trouvés chez Septeuil, trésorier de la liste civile, il avait vu des bons pour diverses sommes, signés *Antoinette*, ce qui était fort naturel ;

mais il ajouta qu'il avait vu une lettre où le ministre priait le roi de transmettre à la reine la copie du plan de campagne qu'il avait entre ses mains. Ces deux faits, la demande de l'état des armées et la communication du plan de campagne, furent interprétés sur-le-champ d'une manière funeste, et on en conclut que c'était pour les envoyer à l'ennemi ; car on ne supposait pas qu'une jeune princesse s'occupât, seulement par goût, d'administration et de plans militaires. Après ces dépositions, on en recueillit plusieurs autres sur les dépenses de la cour, sur l'influence de la reine dans les affaires, sur les scènes du 10 août, sur ce qui se passait au Temple ; et les bruits les plus vagues, les circonstances les plus insignifiantes, furent accueillis comme des preuves.

Marie-Antoinette répéta souvent, avec présence d'esprit et avec force, qu'il n'y avait aucun fait précis contre elle ; que d'ailleurs, épouse de Louis XVI, elle ne répondait d'aucun des actes du règne. Fouquier néanmoins la déclara suffisamment convaincue. Chauveau-Lagarde fit d'inutiles efforts pour la défendre ; et cette reine infortunée fut condamnée à partager le supplice de son époux.

Ramenée à la Conciergerie, elle passa avec assez de calme la nuit qui précéda son exécution ; et le lendemain, 16 octobre, au matin, elle fut transportée, au milieu d'une populace nombreuse, sur la place fatale où, dix mois auparavant, avait succombé Louis XVI. Elle écoutait avec calme les exhortations de l'ecclésiastique qui l'accompagnait, et promenait un regard indifférent sur ce peuple qui tant de fois avait applaudi à sa beauté et à sa grâce, et qui aujourd'hui applaudissait à son supplice avec le même empressement. Arrivée au pied de l'échafaud, elle aperçut les Tuileries, et parut émue ; mais elle se hâta de monter l'échelle fatale, et s'abandonna avec courage aux bourreaux. L'infâme exécuteur montra la tête au peuple, comme il faisait toujours quand il avait immolé une victime illustre (1).

On sait que les cheveux de cette reine infortunée blanchirent dans une nuit. Elle n'était âgée que de 38 ans. Ainsi périt cette fille des rois à laquelle les historiens les plus prévenus n'ont trouvé à reprocher qu'un peu de légèreté et une trop grande fierté.

— Qu'on porte cette nouvelle à l'Autriche, s'écrièrent les jacobins, ivres de joie. Les Romains vendaient le terrain occupé par Annibal ; nous, nous faisons tomber les têtes les plus chères aux souverains qui ont envahi notre territoire.

Élisabeth de France.

Une des plus admirables victimes de la démence révolutionnaire est bien certainement l'auguste sœur de

(1) Thiers, *Hist. de la révol. franç.*

Louis XVI. On a pu alléguer contre le meilleur des rois la faiblesse de son caractère; contre la reine Marie-Antoinette une légèreté antérieure, plus qu'expiées l'une et l'autre par leur courageux martyre; mais la vertu de Madame Élisabeth a toujours brillé d'un éclat que l'esprit de parti et des haines populaires n'ont pas même tenté d'amoindrir. Si elle fut immolée, c'est par suite de son dévouement fraternel qui ne lui permit pas de se séparer de ceux qui lui étaient chers; les révolutionnaires les plus acharnés ne trouvèrent au monde que cette affection à lui reprocher.

Élisabeth naquit en 1765, et fut le dernier enfant du pieux Dauphin, fils de Louis XV. Dès l'âge de trois ans, la mort lui avait ravi les auteurs de ses jours; néanmoins, leurs exemples ne furent pas perdus pour elle. Une sage gouvernante, Madame la princesse de Marsan, sut habilement réprimer, par l'éducation religieuse, des passions qui s'annonçaient violentes et qu'une grande piété vint de bonne heure modifier. A quinze ans, la jeune Élisabeth montrait déjà une maturité d'esprit qui rendait son commerce aussi sûr qu'agréable; la religion et l'amitié remplissaient tout son cœur. Des contemporains ont assuré qu'elle était charmante, et détruisent ainsi l'incertitude qui pourrait résulter de portraits mal faits. Madame Élisabeth méritait d'ailleurs cette qualification par son affabilité et sa bonne grâce, qui partaient du cœur, sans exclure une dignité native qu'elle sut conserver en toute circonstance.

Si Madame Élisabeth goûta quelques jours de bonheur, ce fut dans sa retraite de Montreuil, où elle se livrait aux charmes de l'intimité avec quelques dames d'un esprit distingué tout en cultivant les travaux ordinairement chers à son sexe. La peinture était un de ses délassements de prédilection. Mais, hélas ! quelle princesse depuis un siècle a pu se flatter, en France, de goûter quelque bonheur ! Les orages grossissaient et la sollicitude d'Élisabeth pour sa famille l'arrachèrent souvent à cette retraite chérie. Le roi voyait en elle son amie la plus sûre, son conseil et sa consolatrice ! Heureux s'il eût mieux suivi ses avis. Jamais le dévouement de cet ange ne se démentit : à Versailles, aux Tuileries, au Temple, on la voit lutter avec la reine, de courage, d'abnégation, de tendresse. Un jour elle se présente résolûment devant les cannibales qui voulaient massacrer la reine, et l'on ne sait alors laquelle on doit plus admirer de ces deux femmes dans la généreuse lutte qui s'établit entre elles et dont le résultat devait être pour l'une ou pour l'autre une mort affreuse.

La visite de l'appartement de Madame Élisabeth, aux Tuileries, dont elle avait été violemment expulsée dans la funeste nuit du 10 août, a révélé de touchants et curieux détails sur les habitudes privées de cette princesse. Digne fille de saint Louis, elle savait unir à la magnificence extérieure, convenable à son rang, des mortifications dont on ne se serait pas douté. Dans sa chambre à coucher, un écran en bois de noyer se changeait, au moyen d'un ressort mécanique, en un confessionnal portatif parfaitement conditionné ; le *coussin*, si l'on peut lui donner ce nom, sur lequel elle s'agenouillait, était en marbre, taillé en relief. C'était ainsi qu'elle préludait au martyre. C'était là qu'elle s'offrait en holocauste et qu'elle adressait au ciel, pour sa famille et pour la France, les ardentes prières trouvées dans son portefeuille, prières écrites de sa main et composées par son cœur. Nous croyons qu'il n'est pas indifférent d'en citer au moins une :

« O Vierge sainte ! vous avez toujours si spécialement « protégé la France !... Tant de monuments nous at« testent combien elle vous a toujours été chère !... Et « à présent qu'elle est malheureuse, et plus malheureuse « que jamais, elle semble vous être devenue étrangère. « Il est vrai qu'elle est bien coupable !... Mais tant d'au« tres fois elle le fut, et vous lui obtîntes son pardon !... « D'où vient donc qu'aujourd'hui vous ne parlez plus en « sa faveur? Car si vous disiez seulement à votre divin « fils : *Ils sont accablés de maux!* bientôt nous cesserions « de l'être... Qu'attendez-vous donc, ô Vierge sainte ! « qu'attendez-vous pour faire changer notre malheu« reux sort?.. Ah ! Dieu veut peut-être qu'il soit renou« velé par nous le vœu que fit un de nos rois pour vous « consacrer la France... Eh bien ! Marie ! ô très-sainte « Mère de Jésus-Christ ! nous vous la vouons, nous vous « la consacrons de nouveau ! Ah ! si cet acte particulier « pouvait être le prélude d'un renouvellement plus so-

« lennel et public !... Oh ! si plutôt elle pouvait retentir
« depuis le trône jusqu'aux extrémités du royaume,
« cette parole qui lui a attiré tant de bénédictions !

« *Vierge sainte, nous nous vouons tous à vous!* Mais le « désir que nous en avons ne peut-il pas y suppléer? « mais les liens sacrés qui nous unissent à tous les ha- « bitants de ce royaume comme à nos frères, mais la « charité qui étend nos vues et dilate nos cœurs pour les « comprendre tous dans notre offrande, ne peut-elle « pas la leur rendre commune avec nous? Ne peut-elle « pas donner à une consécration particulière le mérite « et l'efficacité d'une consécration générale? Nous vous « en prions, ô Vierge sainte!...... Nous vous en conju- « rons... Nous l'espérons ! et dans cette confiance, nous « vous offrons notre roi, notre reine et sa famille; nous « vous offrons nos princes; nous vous offrons nos « armées et ceux qui les commandent; nous vous of- « frons nos magistrats; nous vous offrons toutes les « conditions et tous les états; nous vous offrons surtout « ceux qui sont chargés du maintien de la religion et « des mœurs. Enfin, nous vous rendons la France tout « entière!... Reprenez, ô Vierge sainte, vos premiers « droits sur elle, rendez-lui la foi, rendez-lui votre an- « cienne protection, rendez-lui la paix, rendez-lui Jé- « sus-Christ qu'elle semble avoir perdu!... Enfin, que « ce royaume, de nouveau adopté par vous, redevienne « tout entier le royaume de Jésus-Christ. Ainsi soit-il. »

A ces ardentes supplications, peut-on douter que la

mère de Dieu ne joignît les siennes ? Mais le Christ répondit à Marie : *Mon heure n'est point encore venue !* La sagesse divine avait décrété qu'elle abandonnerait pour un temps la France au torrent qui l'entraînait dans l'abîme. De ce mal devait résulter un bien ; c'était une importante leçon à donner au monde et à l'avenir. L'esprit prétendu philosophique avait perverti les idées. « Le sel de la terre même était affadi. » La religion était tombée dans un tel discrédit, que l'école voltairienne avait osé proclamer l'athéïsme et avancer qu'une société d'athées serait la plus parfaite de toutes. Il était donc nécessaire au triomphe de la vérité que l'on vit à l'œuvre cette société, ce gouvernement d'athées. Et la prière de la sainte martyre ne devait être exaucée qu'après cette épreuve.

La vertu de cette princesse ne parut pas moins constante dans la prison du Temple qu'à Versailles et aux Tuileries : non plus que la reine, elle ne voulut pas quitter le roi quand elle aurait pu fuir. Le malheur avait rapproché les âmes de ces deux princesses, dissemblables au temps de la prospérité.

Le jour le plus pénible de leur martyre, ne fut pas pour les membres de l'infortunée famille, celui où leur tête tomba sur l'échafaud ; leurs inquiétudes, les scènes cruelles dont ils furent les témoins, leur captivité, et enfin leurs séparations successives, ne leur firent-elles pas souffrir la mort mille fois ? On raconte que Madame Elisabeth, réduite dans sa prison à raccommoder un vêtement du roi, était obligée de casser le fil avec ses dents, parce qu'on lui avait ôté jusqu'à ses ciseaux! Partageant avec son frère et sa sœur le soin et l'éducation des enfants, elle y trouvait, ainsi qu'eux, un remède à ses maux. Hélas! bientôt elle resta seule avec son infortunée nièce qui, après tant d'épreuves, devait encore avoir la suprême douleur d'être privée de ce dernier et précieux appui. Ces deux saintes trouvèrent dans la piété et dans leur mutuelle affection, des consolations ineffables. Elisabeth communiquait à Marie-Thérèse cette force d'âme qui lui a fait supporter une suite inouïe d'adversités.

Au témoignage de sa nièce même, Madame Elisabeth ajoutait, par ses austérités, aux privations qu'on lui faisait subir à la tour du Temple. Les vendredis et samedis elle ne mangeait que du pain, parce qu'on lui refusait des aliments maigres. Le dernier carême qu'elle passa sur la terre, elle ne prit d'autre nourriture que du pain et une tasse de café à dîner, après avoir jeûné le matin, ce qui ne l'empêchait pas de se lever de bonne heure, et de faire de longues prières et méditations. Aussi avait-elle depuis longtemps mérité la couronne qui lui était destinée.

Le 9 mai 1794, on vint l'arracher à sa nièce éplorée, en lui laissant à peine le temps de lui faire ses adieux. Son inique procès fut promptement instruit : l'issue n'en était pas douteuse. La princesse entendit son arrêt sans émotion et se montra jusqu'au dernier moment l'ange

BIBLIOTHÈQUE IMPÉRIALE IMPR.

de ses compagnons d'infortune, qu'elle consolait et encourageait en leur montrant le ciel. Vingt-quatre illustres têtes tombèrent avant la sienne, dernière douleur qui lui était réservée pour combler son sacrifice.

Ainsi périt, le 10 mai 1794, la plus accomplie des princesses et des femmes, encore dans tout l'éclat de sa beauté, plainte et chérie du peuple, qui ne pouvait que citer ses bienfaits et ses vertus sans nombre. Si nous osions émettre une opinion à cet égard, nous dirions que ces mêmes vertus nous semblent mériter, à la pieuse sœur du roi martyr, un rang parmi les bienheureux reconnus par l'Église.

Mme J. DE GAULLE.

Louis XVII.

Cet infortuné petit prince était né heureux, non parce qu'il était l'héritier d'un trône, mais parce qu'il avait le meilleur des pères, la mère la plus tendre, une angélique sœur, et une tante qui était pour lui une seconde mère ; mais son bonheur fut court. Il n'avait pas sept ans ; témoin des cruelles inquiétudes de ces objets de sa tendresse, il disait à une pauvre femme qui lui demandait une grâce en assurant qu'elle se croirait heureuse comme une reine, si elle pouvait l'obtenir : « Hélas ! je connais une reine qui est bien bonne, et qui pleure toujours !... » Bientôt le pauvre enfant, jeté avec ses nobles parents dans la prison du Temple, put comprendre combien ils avaient sujet de s'affliger !

Tant que les augustes prisonniers ne furent pas séparés, il y eut encore dans leur malheur quelques douces heures. L'enfant royal recevait directement les leçons d'un père vertueux dont les épreuves ont fait un saint. A cette école se développaient les précieuses qualités du jeune Louis qui eussent promis de beaux jours à notre malheureuse France, si aveugle alors sur ses vrais intérêts !

Mais ces tristes jours, mêlés d'ineffables consolations que des consciences pures savent seules trouver au milieu des plus déchirantes angoisses, ces tristes jours furent bientôt suivis de jours plus lugubres encore. La France consomma son malheur et son crime en faisant périr sur l'échafaud son roi, l'oint du Seigneur, sa gracieuse reine, tant calomniée, l'inattaquable Madame Elisabeth leur sœur, et après eux une foule d'autres nobles victimes, une suite de martyrs pour qui la fortune, noblement employée, les vertus et le talent étaient des titres de proscription.

Redirons-nous la scène déchirante des adieux de Louis XVI à sa famille éplorée ? Je ne m'en sens pas le courage. Figurez-vous ce que vous auriez à souffrir si l'on venait arracher de vos bras impuissants à le défendre un père bien-aimé pour le conduire à une mort ignominieuse et certaine ?... Ah ! cette peinture est au-dessus de mes forces. Je laisse à vos cœurs d'apprécier cette scène de désespoir, tempérée par l'héroïque résignation que le saint roi puisait dans les principes religieux.

Dans l'immortel testament qui révèle sa belle âme, le roi martyr recommande à son fils de ne jamais chercher à venger sa mort.

On sépara l'enfant de sa malheureuse mère, et on lui donna pour gardien le plus méchant des hommes ; le cordonnier Simon déchira les livres de son prisonnier, le priva de ses oiseaux, de son petit jardin. Il se fit servir par ce royal enfant avec une dureté impérieuse qui n'appartient à aucun maître. Il imaginait des persécutions bien plus terribles encore : il obligeait à force de coups l'infortuné prince de faire chorus avec les sanguinaires chansons qui lui étaient familières. Il ne souffrait pas qu'il priât Dieu, et, l'ayant surpris dans cet exercice, il le punit en redoublant encore ces mauvais traitements.

Il ne lui permettait pas non plus de dormir, et réveillait brusquement le pauvre enfant chaque fois qu'un sommeil réparateur lui donnait un peu de relâche. Alors il le secouait brusquement par le bras en lui criant : « Capet, dors-tu ? » Il fallait que l'infortuné prince sautât promptement à bas du lit pour satisfaire son terrible bourreau.

Un jour, la femme Simon, moins méchante que son mari, lui reprocha de ne pas donner un seul jouet à l'enfant. Il en promit un et le lui donna le lendemain :

ce joujou était une petite guillotine. C'était l'amusement à la mode; les enfants de quelques-uns des plus farouches représentants du peuple s'exerçaient avec cet instrument à couper le cou à de petits oiseaux.

L'enfant rejeta avec horreur un objet qui lui rappelait de si tristes souvenirs. Simon faillit le tuer de rage; il en fut empêché par le médecin de sa femme qui se trouvait présent. Le pauvre enfant économisa une poire sur son souper pour témoigner sa reconnaissance à celui qui lui avait donné cette marque de pitié. C'était tout ce dont il pouvait disposer.

A force de multiplier les actes de barbarie sur la personne de ce pauvre enfant, on finit par le faire tomber dans un état d'idiotisme et d'accablement physique et moral qui le conduisit au tombeau à l'âge de dix ans : mieux eût valu mille fois lui ôter plus tôt la vie ! Et l'atroce gouvernement qui pesait alors sur la France put ajouter à la liste de toutes ses monstruosités celle d'avoir fait périr à petit feu un innocent et charmant enfant dont l'unique crime à ses yeux ne pouvait être que sa qualité d'héritier du trône. Sa naissance et son rang on fait tout son malheur.

Sa mère et sa tante l'avaient précédé dans la tombe ; sa sœur lui survécut pour les pleurer tous, pardonner en leur nom, et recevoir de nouvelles preuves d'ingratitude de cette France qu'elle n'a jamais su que bénir.

Mme J. DE GAULLE.

Charlotte Corday.

Elle était née dans le département de l'Orne et demeurait à Caen. Son père, ancien gentilhomme, conservait une fortune aisée. Charlotte était âgé de vingt-cinq ans; sa figure, belle et régulière, était animée du coloris le plus pur. Tout indiquait dans ses traits et dans ses manières qu'en s'élevant au-dessus des forces de son sexe, elle en avait conservé la modestie. Le soin de plaire lui paraissait frivole. Tendre pour ses parents, elle avait cependant pris vis-à-vis d'eux l'habitude d'une certaine indépendance; mais la liberté dont elle caressait l'image n'avait rien de commun avec la licence effrénée qui en usurpait le nom et qu'elle voyait avec une profonde douleur. Placée trop loin du théâtre des événements, elle en comprit mal la cause. Elle voyait des milliers de tyrans, elle crut qu'ils se subordonnaient à un chef, et le plus féroce lui parut être le plus habile d'entre eux. Les deux sentiments les plus généreux, l'indignation et la pitié, remplirent Charlotte Corday d'une sorte de fanatisme. Son dessein est pris; elle goûte déjà toute la joie d'une grande action. La sérénité de ses traits trompe ses amis et son père. Elle part pour Paris. Dans la voiture publique, elle montre à ses compagnons un aimable enjouement, que n'interrompent pas même les discours de quelques jacobins.

Elle emploie le premier jour de son arrivée à s'acquitter de quelques commissions dont elle s'était chargée. Ces soins minutieux semblent absorber toute son attention. Le lendemain, elle va au Palais-Royal acheter le couteau qu'elle doit plonger dans le cœur d'un monstre. Elle examine, elle emporte cette arme d'un air d'indifférence. Elle se fait conduire chez Marat. L'antre du tigre lui est fermé. Son empressement a excité la défiance d'une femme que Marat nomme son amie. Elle voit qu'il est nécessaire de le tromper, elle tend un piége à sa férocité. Elle lui écrit le billet suivant, dans lequel on voit que, par une équivoque sinistre, elle se console d'être contrainte à le flatter.

« Citoyen, j'arrive de Caen; votre amour pour la pa-
« trie me fait présumer que vous connaîtrez avec plai-
« sir les malheureux événements de cette partie de la
« république : je me présenterai chez vous; ayez la
« bonté de me recevoir et de m'accorder un moment
« d'entretien, je vous mettrai à même de rendre un
« grand service à la France.

« Charlotte CORDAY. »

Le lendemain elle se présente de nouveau chez Marat. La même femme lui dispute l'entrée. Marat l'entend; il veut qu'on l'introduise. Il était dans son bain.

Il l'interroge; elle dissimule. Il veut avoir les noms de tous les députés réfugiés à Caen. Elle les lui dicte, et Marat les écrit avec la même joie que s'il les eût placés pour la première fois sur une liste de proscription. Ils subiront bientôt leur châtiment, dit-il. Le tien est prêt, répond-elle : elle tire son couteau, le plonge dans le cœur de Marat. Il jette ce dernier cri : *A moi, ma chère amie!* Il expire. Des femmes accourent : Charlotte Corday reste immobile; elle est en proie à leur fureur. La garde arrive; elle se met sous sa protection. Elle est conduite à l'Abbaye.

L'effroi se répand parmi tous les chefs de la Montagne. La peur leur présente partout des Charlotte Corday. A leur terreur se mêle pourtant un sentiment de joie : pour les plus puissants, Marat est un rival de moins. Cette même Convention que la présence de ce monstre a tant de fois fatiguée, et qui l'a une fois proscrit, est forcée de feindre de le pleurer. Voilà un Dieu de sang créé pour présider à tant de sacrifices humains.

Cependant Charlotte Corday porte dans sa prison un sentiment d'orgueil et de paix. Elle est sans ressentiment pour toutes les vexations qu'on ajoute à sa captivité, excepté pour celles qui blessent sa modestie. L'heure de gloire est arrivée pour elle : c'est celle où elle paraît devant ses juges. Le peuple arrive en foule pour la considérer. On dit tout haut qu'on la déteste; et tout bas on l'admire.

On l'interroge. L'histoire ne peut mieux caractériser ce prodige d'enthousiasme et de force d'âme qu'en citant quelques-unes des réponses de Charlotte Corday.

« Tous ces détails sont inutiles : c'est moi qui ai tué

« Marat. — Qui vous a engagée à commettre cet assas-
« sinat? lui demanda le président. — Ses crimes. —
« Qu'entendez-vous par ses crimes? — Les malheurs
« dont il a été cause depuis la révolution, et ceux qu'il
« préparait encore à la France. — Quels sont ceux qui
« vous ont portée à commettre cet assassinat? — Per-
« sonne; c'est moi qui en ai eu l'idée. — Quelles étaient
« vos intentions en tuant Marat? — De faire cesser les
« troubles de la France. — Y avait-il longtemps que
« vous aviez formé ce projet? — Depuis l'affaire du
« 31 mai, jour de la proscription des députés du peuple.
« — C'est donc dans les journaux que vous avez appris
« que Marat était un anarchiste? — Oui; je savais qu'il
« pervertissait la France. J'ai tué, ajouta-t-elle en éle-
« vant la voix, j'ai tué un homme pour en sauver cent
« mille; un scélérat pour sauver des innocents; une
« bête féroce pour donner le repos de mon pays... »

Durant son interrogatoire, elle s'aperçut qu'un homme était occupé à peindre ses traits; elle se tourna vers lui sans affectation. Elle avait un défenseur officieux, c'était Chauveau-Lagarde. La manière dont il défendit l'accusée plut à cette âme fière. Voici ce discours :

« L'accusée avoue avec un sang-froid l'horrible atten-
« tat qu'elle a commis; elle en avoue avec sang-froid la
« longue préméditation; elle en avoue les circonstances
« les plus affreuses. En un mot, elle avoue tout, et ne
« cherche pas à se justifier: Voilà, citoyens jurés, sa
« défense entière. Ce calme imperturbable et cette en-

« tière abnégation de soi-même, qui n'annoncent aucun « remords en présence de la mort même, ce calme et « cette abnégation, sublimes sous un rapport, ne sont « pas dans la nature ; ils ne peuvent s'expliquer que par « l'exaltation du fanatisme politique, qui lui a mis le « poignard à la main ; et c'est à vous, citoyens jurés, à « juger de quel poids doit être cette considération mo- « rale dans la balance de la justice : je m'en rapporte à « votre sagesse. »

Lorsqu'elle entendit prononcer sa condamnation, elle eut un mouvement de joie, comme si elle tenait sa récompense. Elle remit ensuite au président deux lettres, l'une adressée à son père, l'autre à Barbaroux. Cette dernière, trop longue pour être rapportée ici est remplie d'élévation et de grâces. « Nous sommes, y dit-elle, si bons républicains à Paris, que l'on ne conçoit pas comment une femme inutile, dont la plus longue vie ne serait bonne à rien, peut se sacrifier de sang-froid pour sauver son pays... Je jouis délicieusement de la paix depuis quelques jours. Le bonheur de ma patrie fait le mien. »

Voici la lettre de Charlotte à son père :

« Pardonnez-moi, mon cher papa, d'avoir disposé de « mon existence sans votre permission ; j'ai vengé bien « des innocentes victimes, j'ai prévenu bien d'autres « désastres : le peuple, un jour désabusé, se réjouira « d'être délivré d'un tyran. Si j'ai cherché à vous per- « suader que je passais en Angleterre, c'est que j'espé- « rais garder l'*incognito* : mais j'en ai reconnu l'impos-

« sibilité. J'espère que vous ne serez pas tourmenté; « en tous cas vous auriez des défenseurs à Caen. J'ai « pris pour le mien *Gustave Doulcet*. Un tel attentat ne « permet nulle défense, c'est pour la forme. Adieu, « mon cher papa : je vous prie de m'oublier, ou plutôt « de vous réjouir de mon sort, la cause en est belle. « J'embrasse ma sœur, que j'aime de tout mon cœur, « ainsi que tous mes parents. N'oubliez pas ce vers de « Corneille :

Le crime fait la honte et non pas l'échafaud.

« C'est demain à huit heures qu'on me juge.

« Le 16 juillet 1793. M. C. CORDAY. »

On regrette de ne pas voir une seule pensée chrétienne jointe à tant d'abnégation et d'héroïsme. Judith, au moins, s'était mise sous la protection de Dieu.

Le lendemain Charlotte fut conduite au supplice à sept heures du soir. On eût dit une jeune fille qui suit avec modestie et sérénité une fête dont l'objet est de couronner sa vertu. Tout ce peuple qu'elle avait sous les yeux lui semblait affranchi par ses mains.

Quand le fer eut tranché sa vie, le bourreau montra aux spectateurs la tête de Charlotte Corday et lui donna plusieurs soufflets. Le peuple s'en indigna, et les jacobins eux-mêmes firent châtier cet acte de férocité.

La Montagne s'occupa de l'apothéose de Marat, on lui rendit des honneurs divins ; mais bientôt le peuple, aussi versatile dans ses sympathies que dans ses haines, devait jeter dans un égout les restes de ce monstre : c'était une sépulture digne de lui.

Agonie et mort de Bailly.

(11 novembre 1793).

Bailly avait été nommé maire en 1789, mais il perdit sa popularité lorsque, en 1791, après la fuite et l'arrestation de Louis XVI, il se vit forcé de dissiper par la force les rassemblements qui se formaient au champ de Mars pour demander la déchéance du roi. Il se démit des fonctions de maire, et quitta la capitale. Reconnu à Melun, en 1793, et amené à Paris, il fut jugé à mort par le tribunal révolutionnaire pour sa conduite au champ de Mars. D'ailleurs, il était l'ami de Lafayette, il avait fait déployer le drapeau rouge ; c'en était assez pour qu'on voulût punir dans ce magistrat tous les griefs qu'on croyait avoir contre le constituant. Le 11 novembre, par un temps froid et par une pluie battante, il fut conduit au lieu de son supplice, au milieu des outrages d'une population barbare. Il fut sublime de résignation, et les indignes traitements de ce peuple qu'il avait nourri dans une disette, lorsqu'il était maire, ne lui arrachèrent pas un murmure. Cependant il y avait loin de la Conciergerie au champ de Mars. Le drapeau rouge retrouvé à la mairie dans un étui en acajou fut agité sur son visage calme et impassible. — Arrivé au pied de l'échafaud, dit M. Thiers, il semblait toucher au terme de son supplice ; mais un des forcenés, attachés à le poursuivre, s'écrie qu'il ne faut pas que le champ de la fédération soit souillé de son sang. Alors on se précipite sur la guillotine, on la transporte avec le même empressement qu'on mit autrefois à creuser ce même champ de la fédération ; on court l'élever enfin sur le bord de la Seine, sur un tas d'ordures, et vis-à-vis le quartier Chaillot, où Bailly avait passé sa vie et composé ses ouvrages. Cette opération dura plusieurs heures. Pendant ce temps, on lui fait parcourir plusieurs fois le champ de Mars. La tête nue, les mains derrière le dos, il se traîne avec peine. Les uns lui jettent de la boue, d'autres lui donnent des coups de pied ou de bâton. Accablé, il tombe ; on le relève de nouveau. La pluie, le froid, ont communiqué à ses membres un tremblement involontaire.

— Tu trembles, lui dit un soldat.

— Mon ami, répond le vieillard, c'est de froid.

Après plusieurs heures de cette torture, on lui brûle sous le nez le drapeau rouge ; le bourreau s'empare de lui enfin, et on nous enlève encore un savant distingué, et l'un des hommes les plus honnêtes qui aient honoré notre patrie.

Malesherbes.

(1794.)

Après la fatale journée du 10 août 1792, où une populace en délire vint assiéger le château des Tuileries, Malesherbes comprit que le roi était perdu, et que le triste sort de Charles 1er, roi d'Angleterre, lui était peut-être réservé. Après l'arrestation du roi, il n'hésite pas un instant, et il adresse au président de l'Assemblée cette admirable lettre :

« J'ignore qui devait, dans cette grande cause, être accusateur et juge, j'ignore si la Convention donnera à Louis XVI un conseil pour le défendre, ou si elle lui en laissera le choix, dans ce cas-là, je désire que Louis XVI sache que, s'il me choisit pour cette fonction, je suis prêt à me dévouer.

« Je ne vous demande pas de faire part à l'Assemblée nationale de mes offres, car je suis bien éloigné de me croire un personnage assez important pour qu'elle s'occupe de moi. Mais j'ai été appelé deux fois au conseil de celui qui fut mon maître, dans le temps que cette fonction était ambitionnée par tout le monde; je lui dois le même service lorsque c'est une fonction que bien des gens trouvent dangereuse. »

(On sait qu'il eut l'insigne honneur d'être appelé à défendre le roi, avec le concours de de Sèze et de Tronchet).

« Dès que j'eus la permission d'entrer dans la prison du roi, dit Malesherbes, j'y courus. A peine m'eut-il aperçu qu'il me serra dans ses bras ; ses yeux devinrent humides, les miens se remplirent de larmes, et il me dit :

— Votre sacrifice est d'autant plus généreux, que vous avez exposé votre vie, et que vous ne sauverez pas la mienne.

« Je lui représentai qu'il ne pouvait y avoir de danger pour moi, et qu'il serait facile de le défendre victorieusement lui-même. »

— Non, non, reprit-il, ils me feront périr, j'en suis sûr.

Malesherbes avait alors 70 ans, et cependant, malgré cet âge avancé, il allait deux fois par jour à la prison du Temple. La cause de l'innocence qu'il allait défendre semblait lui avoir redonné toute son énergie. Sa matinée était employée à faire les commissions du roi, et le soir, il revenait régler sa défense. Hélas ! tant de fatigues et tant de dévouement devaient être inutiles ; la sentence de mort était déjà arrêtée dans l'esprit des juges-bourreaux de l'infortuné Louis XVI ; et le 17 janvier 1793, Vergniaud, qui présidait la plus orageuse séance des temps parlementaires, déclare au nom de la convention *que la peine prononcée contre Louis Capet est la peine de mort.*

Dans ce triste moment, les défenseurs de Louis XVI sont introduits à la barre, et après que de Sèze a demandé, au nom du roi, l'appel au peuple, le vénérable

Malesherbes parle à son tour, et s'écrie d'une voix entrecoupée par les sanglots :

— Citoyens, je n'ai pas l'habitude de la parole.... Je vois avec douleur qu'on me refuse le temps de rallier mes idées sur la manière de compter les voix.... J'ai beaucoup réfléchi autrefois sur ce sujet ; j'ai beaucoup d'observations à vous communiquer.... mais.... citoyens.... pardonnez mon trouble.... accordez-moi jusqu'à demain pour vous présenter mes idées.

Les cheveux blanchis du vieillard, ses larmes, son trouble même, tout contribue à émouvoir l'assemblée.

— Citoyens, dit Vergniaud aux trois défenseurs, la Convention a entendu vos réclamations ; elles étaient pour vous un devoir sacré. Veut-on, ajouta-t-il en s'adressant à l'assemblée, décerner les honneurs de la séance aux défenseurs de Louis ?

— Oui, oui, s'écrie-t-on à l'unanimité.

Après la mort du malheureux roi, Malesherbes se retira dans sa terre, se croyant plus en sûreté qu'à Paris, où ses amis voulaient le retenir et le faire oublier. Le 27 décembre 1793, onze mois après la mort du fils de saint Louis, il fut arrêté avec toute sa famille, malgré les protestations énergiques des habitants du bourg, qui le regardaient comme leur père. Cependant quatre officiers municipaux s'étaient portés garants de son innocence et de ses vertus civiques. Lorsqu'il entra dans sa prison, tous les prisonniers se levèrent avec respect et voulurent lui donner une place d'honneur.

— Non, non, dit-il, il y a ici un vieillard plus âgé que moi ; la place lui appartient.

Peu de jours après, Malesherbes, sa fille, le comte et la comtesse de Châteaubriand ses petits-fils furent conduits à la Conciergerie, fatale prison qui ne rendait sa proie que pour la livrer à l'échafaud. Avant de partir, sa fille dit à mademoiselle de Sombreuil, renfermée dans la même prison :

— Vous avez eu la gloire de sauver votre père, moi, j'ai du moins la consolation de mourir avec le mien.

Arrivé à la Conciergerie, Malesherbes retrouva un ami, et avec sa présence d'esprit ordinaire, il lui dit, le sourire sur les lèvres :

— Vous le voyez, je me suis avisé sur mes vieux jours d'être un mauvais sujet, et l'on m'a mis en prison.

Le tribunal révolutionnaire lui demanda s'il avait un défenseur, il répondit par le sourire du mépris. Un défenseur ! pour lui Malesherbes, qui n'avait pu sauver Louis XVI. Quelle amère ironie ! Il se contenta de répondre aux accusations absurdes qu'on s'efforçait de faire tomber sur lui :

— Au moins, si tout cela avait le sens commun !

Il marcha au supplice, le visage calme, semblable au sage qui, sur le soir d'un beau jour, quitte ses amis pour les retrouver le lendemain. Au moment où il sortait de la cour du palais, les mains liées derrière le dos, son pied heurta contre une pierre.

— Voilà, dit-il, qui est de fâcheux augure ; à ma place un Romain serait rentré.

Quelle présence d'esprit, quelle force de volonté, en un moment aussi terrible. Il n'y a que l'homme de bien dont la conscience est tranquille qui puisse plaisanter ainsi avec la mort. Toute sa famille le précéda sur l'échafaud. C'était lui donner plusieurs fois la mort, mais le noble vieillard couronnait par ce dernier sacrifice une vie de *dévouement et d'honneur*. Son âme généreuse alla rejoindre les siens au céleste séjour !

Lutte héroïque de deux fermiers.

(1793).

La disposition où on était en 93 de se laisser égorger sans résistance est loin de mériter des éloges. Souvent elle annonçait plus de faiblesse que de générosité. Les choses eussent bien vite changé de face si les victimes, au lieu de tendre la gorge aux bourreaux, avaient pris la résolution de ne mourir que les armes à la main, à l'exemple des courageux fermiers *des Loges*, près de Sens. Déclarés suspects, ce qui équivalait à un arrêt de mort, ces deux frères se barricadèrent dans la ferme, avec leur sœur, un domestique et une servante. Ils avaient de la poudre et des armes ; contre les portes et les murs, ils rangèrent, à hauteur d'appui, du bois et des fagots. L'habitude de la chasse les avait rendus habiles tireurs; aussi, dès qu'un gendarme ou un garde national s'avançait à portée de fusil, du haut de ce rempart ils lui envoyaient une balle au travers du corps. Chaque fois qu'après avoir soutenu un assaut, ils étaient parvenus à repousser l'ennemi, ils déposaient leurs fusils, pour prendre des livres de prières, et on les entendait chanter des psaumes. Cette résistance fut longue. Lorsque les deux frères, manquant de poudre, se virent sur le point d'être forcés, ils mirent le feu aux fascines qui entouraient la maison, et ils se laissèrent consumer.

D'autres protestèrent par leurs cris et les marques d'un affreux désespoir ; tel fut Camille Desmoulins qui se défendit contre les exécuteurs, et que l'on ne put emmener à l'échafaud qu'après l'avoir attaché sur la fatale charrette.

— Peuple ! s'écria-t-il pendant le trajet, ne vois-tu pas que ce gouvernement de brigands te trompe? Ne suis-je pas le premier républicain, le patriote qui le premier avait arboré la cocarde contre la tyrannie? Aux armes ! peuple ! aux armes ! ces monstres ont déjà versé trop de sang innocent !...

En vain Hérault de Séchelles, que l'on conduisait à la mort en même temps que Camille, cherchait à calmer ce dernier.

— Mon ami, lui disait-il, montrons du moins que nous savons mourir.

— Non ! non ! s'écriait Camille, il faut que le peuple

sache bien que nos juges sont des scélérats, d'infâmes assassins !

Il continua à haranguer le peuple, à faire retentir l'air de ses cris, et ce fut avec sa vie que s'exhala sa dernière imprécation contre ses assassins.

(*Ext. des souvenirs du trib. révol.*)

Singulière aventure de M. de Combles.

Qui le croirait ! Pendant cet affreux régime, qui faisait couler tant de larmes et de sang, alors que la France se couvrait de deuil, la gaieté s'était réfugiée dans les prisons : à Lyon même, au plus fort de la Terreur, on jouait la comédie sous les verroux, ce qui amena la singulière aventure que nous allons rapporter.

En 1784, alors que la récente découverte des aérostats troublait toutes les cervelles, une foule d'individus, même parmi les classes les plus élevées, étaient fort disposés à croire que rien désormais ne serait impossible au génie de l'homme, et les gens crédules ne doutaient pas que des relations fussent prochainement établies entre les habitants de la terre et ceux de la lune. Les personnes sensées, à la vérité, riaient de ces exagérations. De ce nombre était M. de Combles, conseiller au parlement de Lyon. Magistrat intègre, mais grand ami du plaisir, rieur par excellence, M. de Combles ne manquait aucune occasion de se divertir aux dépens des sots, des lâches, des charlatans et des fripons ; il avait toujours à son service une foule d'excellentes bouffonneries propres à désopiler la rate du flegmatique le plus renforcé.

Fatigué d'entendre et de lire le récit des prétendues merveilles qui s'enfantaient chaque jour, et que les journaux du temps enregistraient religieusement, M. de Combles résolut de donner une leçon à ces badauds qui croyaient pouvoir aller aux astres, parce que deux ou trois hommes de cœur avaient plané un peu au-dessus des cheminées de Paris. Notre conseiller était dans cette disposition d'esprit, lorsque son horloger, homme très-habile dans sa profession, vint lui rapporter une fort belle montre à laquelle il avait fait quelques réparations.

— Pardieu ! Romain, lui dit le magistrat, vous êtes un habile homme.

— Monsieur le conseiller est bien bon.

— Non, non, je ne suis pas bon; mais je suis juste, et je hais les sots..... Tenez, mon ami, placez-vous là, à mon bureau, et écrivez ce que je vais vous dicter.

L'horloger obéit, et M. de Combles commença à dicter ce qui suit :

A Monsieur le rédacteur du JOURNAL DE PARIS.

« Monsieur,

« Ma vie entière s'est passée dans l'étude des arts

mécaniques, et j'ai fait depuis longtemps d'assez belles découvertes. Mais je me suis tu, espérant que le ciel récompenserait mes travaux en me permettant de les montrer tout à coup avec éclat... »

— Mais, monsieur le conseiller, dit Romain en quittant la plume, je n'ai jamais rien découvert.

— Cela ne fait rien à l'affaire, mon cher Romain ; vous auriez fort bien pu inventer de fort belles choses, et vous êtes certainement plus habile qu'une foule de sots et de fripons qui prétendent avoir inventé des merveilles. Continuez je vous prie.

Romain ne comprenait rien à cette fantaisie du conseiller ; mais n'osant pas lui déplaire, il reprit la plume, et M. de Combles continua à dicter.

« Après 23 ans de recherches et d'expériences, j'ai enfin trouvé le moyen de marcher sur l'eau à l'aide d'une chaussure mécanique que j'appelle *sabots élastiques.* »

— Oh ! oh ! monsieur le conseiller !....

— Allez toujours, mon ami ; la bouchée n'est pas trop forte, et d'ailleurs ce n'est ni vous ni moi qui l'avalerons.

« ... Déjà plusieurs fois j'en ai fait l'essai sans témoins, et telle est maintenant la perfection de ce mécanisme, que je me propose de m'y promener très-prochainement sur la Seine à la vue de tout Paris.... »

— Mais, monsieur le conseiller ! s'écria l'honnête horloger, vous voulez donc que tout le monde se moque de moi ?

— Au contraire, mon ami; je veux que nous nous moquions un peu de tout le monde : la punition est bien méritée, et elle pourrait être plus rude. Achevons :

« Je marcherai dans tous les sens; en travers sans dériver, en descendant et en montant sans diminuer de vitesse, n'ayant aux pieds que mes *sabots élastiques*, dans lesquels, pendant ma promenade, qui ne durera pas moins d'une heure, il ne pénétrera pas une goutte d'eau.

« Le but de cette lettre, monsieur le rédacteur, est de vous prier d'ouvrir une souscription au bureau de votre journal; aussitôt qu'elle aura atteint la somme de 200 louis, je me rendrai à Paris, et si je ne remplis pas tous les engagements que je prends ici, vous aurez le droit de me refuser l'argent.

« J'ai l'honneur d'être, etc. ROMAIN,

« *Horloger à Lyon, rue, etc.* »

Cette lettre fut mise à la poste; l'honnête *Journal de Paris* ne fit pas difficulté de l'insérer, et il annonça en même temps que la souscription était ouverte dans ses bureaux. Il n'en fallut pas davantage pour mettre en rumeur la cour et la ville.

Décidément on est dans le siècle des prodiges. On se presse aux portes des bureaux du *Journal de Paris*, on fait queue, on se bat pour y pénétrer; c'est à qui aura l'honneur de se faire inscrire des premiers. En quinze jours, 20,000 souscripteurs ont envoyé ou apporté leur argent. Parmi eux, on compte la reine Marie-Antoinette, les deux frères du roi, des princes, des ambassadeurs, des académiciens, des membres du parlement. M. de Flesselles écrit tout exprès au *Journal de Paris*, afin de revendiquer les places d'honneur pour lui et ses échevins en sa qualité de représentant de Paris, comme chef de la navigation et prévôt des marchands.

M. de Combles, voyant que tant de hauts personnages ont donné dans cette bourde, commence à s'effrayer; il prend la poste, arrive à Paris, et se rend chez M. de Flesselles qui, ayant été intendant à Lyon, était particulièrement connu de lui.

— Monsieur, lui dit-il, je viens vous avouer que les *sabots élastiques* sont une mauvaise plaisanterie dont je suis l'auteur, et vous prier de vouloir bien m'aider à conjurer l'orage que cette folie menace de soulever.

— Quoi ! monsieur, vous avez osé vous jouer de la reine, du roi... de moi-même !

— Je vous jure que telle n'a jamais été mon intention; je ne pensais pas que la chose pût aller si loin.

— Tant pis pour vous, monsieur, tant pis ! car la chose ira excessivement loin, je vous le garantis.... et d'abord je me tiens pour personnellement offensé....

— J'espère, monsieur, que vous accepterez mes excuses.

— Je n'accepte rien.

Une heure après, M. de Flesselles était chez le ministre de Paris auquel, rouge de colère, il racontait la mystification. Le ministre courut à Versailles et raconta très-sérieusement toute cette grande affaire au roi. Louis XVI qui était à peu près le seul de toute la cour qui se fût douté de la mystification, partit d'un grand éclat de rire.

En un clin d'œil, le bruit de cette aventure se répand dans le château; on crie, on s'indigne contre l'impertinent conseiller; les princes mêmes, dans leur indignation, parlent de la Bastille; mais le roi garde sa bonne humeur.

— Messieurs, dit-il, puisque vous abandonnez tous l'inventeur des *sabots élastiques*, je le prends sous ma protection, et je veux que le montant de la souscription soit distribué aux pauvres de Paris.

Cependant de toutes parts affluaient à Paris des marchands forains, des bateleurs, des comédiens ambulants, qui espéraient tirer grand parti du concours immense de curieux que le prochain essai des *sabots élastiques* attirait dans la capitale. Le jour même où l'on sut que l'annonce de cette expérience n'était qu'une mystification, une de ces troupes de comédiens arrivait dans la rue du Hurepuoix: acteurs et actrices étaient entassés pêle-mêle dans une charrette avec le bûcher *de la veuve du Malabar*, pièce dans laquelle le directeur faisait le rôle de Montalban. Ce directeur hurla de rage en voyant s'évaporer les recettes sur lesquelles il avait compté, et un jour que, sur la terrasse des Feuillants, aux Tuileries, on lui fit voir le conseiller mystificateur qui s'y promenait avec quelques-uns de ses amis, le comédien s'élança vers lui, le menaça du poing, et s'écria d'un ton d'énergumène : « Souviens-toi de Collot-d'Herbois ! » puis il disparut.

Cinq ans s'étaient écoulés ; fatigué du bruit des sifflets qui l'accueillaient partout, dévorant la rage dont il était rempli contre les Lyonnais qui l'avaient assailli de pommes et de noix sur le théâtre de leur ville, dépourvu de ressources pour faire face aux dépenses d'une mauvaise troupe qui lui coûtait plus d'argent qu'elle n'en gagnait, Collot-d'Herbois déserta les planches pour venir se jeter à Paris dans le club des Jacobins, appelé qu'il était dans la capitale en tumulte, comme ces animaux carnassiers qui flairent les cadavres aux approches de batailles.

Après avoir hurlé dans les clubs et provoqué les massacres de septembre, l'ex-comédien fut nommé par la commune de Paris député à la Convention. Bientôt il devint membre du comité de salut public ; puis, investi d'une sorte d'omnipotence par ses collègues des comités de salut public et de sûreté générale, il se mit à parcourir les départements semant la mort sur son passage. Ce fut surtout sur Lyon, où il avait été traité en acteur détestable, qu'il fit tomber le poids de sa colère et de sa haine. En peu de jours, par son ordre, quatre mille citoyens de cette malheureuse cité, hommes et femmes, enfants et vieillards, périrent par la hache, par la mitraille, par la baïonnette.

Le premier soin de ce farouche proconsul en arrivant à Lyon, avait été de faire jeter en prison l'ex-conseiller au parlement, M. de Combles, comme accusé d'avoir volé le peuple de Paris en le trompant par des annonces mensongères. Le supplice de ce respectable magistrat était un plaisir qu'il tenait en réserve et dont à l'avance il se repaissait par la pensée.

Déjà M. de Combles avait vu brûler, par une populace furieuse, le château magnifique qu'il possédait près de Grenoble, et on l'avait dépouillé de presque toute sa fortune. Dès qu'il fut arrêté, il ne douta point du sort qui l'attendait; mais, en dépit de tout cela, sa gaieté ne l'abandonna point. Afin de se distraire et d'égayer un peu ses compagnons de captivité, il imagina de composer de petites comédies qu'il faisait jouer dans la prison par des marionnettes de bois, espèce de fantoccini qu'il fabriquait aussi lui-même en grande partie. L'un des gardiens de la prison, menuisier de son état, lui était d'un grand secours dans cette circonstance: M. de Combles l'employait à la construction des machines qui lui étaient nécessaires. Le gardien, bien payé, ne demandait pas mieux que de passer une partie de son temps dans la chambre de l'ingénieur prisonnier; il y venait avec ses outils que, dans les premiers jours, il emportait en se retirant, mais peu à peu la confiance s'étant établie entre lui et son prisonnier, il finit par laisser ses outils dans la chambre.

C'était quelque chose d'étrange que cette alternative

de terreur et de plaisir qui se produisait dans la prison : vers midi, plusieurs charretées de ces malheureux détenus partaient pour aller à la mort. Le bruit du canon qui les mitraillait retentissait aux oreilles de ceux qui attendaient que leur tour fût venu; puis, quelques instants après, M. de Combles annonçait son spectacle, et tous les fronts se déridaient.

Un matin Collot-d'Herbois arrive à la prison; son visage purulent était plus rouge encore que de coutume; ses petits yeux enfoncés sous ses cheveux crépus brillaient d'une joie féroce.

— Où est ce scélérat de Combles? demanda-t-il, ce coquin d'aristocrate, ce voleur du peuple?

— Citoyen représentant, Combles est dans sa chambre.

— Sa chambre, bandits ! est-ce ainsi que l'on exécute les ordres que je donne pour le salut du peuple? un cachot, et le plus noir, eût été encore trop bon pour lui.

— Si le citoyen représentant l'ordonne, l'aristocrate y sera jeté dans un instant.

— Oui, mille guillotines ! et je l'y traînerai moi-même, je veux voir quelle mine fera devant moi ce chien de ci-devant.... au reste ce sera bien de le mettre un peu au frais, car demain, pour lui, la journée sera chaude, je vais lui donner un avant-goût de ce qui l'attend.... qu'on me conduise où il est.

Le geôlier prend ses clés. Collot le suit au premier

étage; la chambre de l'ex-conseiller est ouverte.... O surprise !... le prisonnier a disparu !.... mais quelle est cette grande feuille de papier collée sur la muraille de la chambre?... Le farouche proconsul et le geôlier s'en approchent et ils lisent :

Aujourd'hui,

Première représentation de

LA FUITE DE POLICHINELLE,

Spectacle à grandes machines;

Cette pièce sera suivi du

GEÔLIER DANS L'EMBARRAS.

NOTA. — Après la représentation, les acteurs ordinaires de M. de Combles seront remis au citoyen Collot-d'Herbois, qui pourra les employer utilement dans la *veuve du Malabar* pour faire le bûcher.

Collot rugit comme un tigre, et il prit un pistolet à sa ceinture pour brûler la cervelle au geôlier; mais le coup ne partit pas, et le geôlier s'enfuit.

Ayant sous la main tous les outils qui pouvaient favoriser son évasion, M. de Combles avait scié un barreau, s'était fabriqué une échelle avec des planches et des cordes, et il avait pris la fuite. Après avoir échappé à toutes les poursuites dirigées contre lui, il parvint à se réfugier en Angleterre.

Trois ans après, Collot, déporté à la Guyane et atteint d'une fièvre cérébrale, était transféré du fort de Sinamary à l'hôpital de Cayenne. Pendant le trajet, dévoré par une soif ardente, qu'augmentaient à chaque instant les rayons brûlants d'un soleil vertical, il demanda à grands cris un peu d'eau, et les nègres qui portaient le brancard sur lequel il était étendu, lui donnèrent par ignorance, ou peut-être à dessein, une bouteille de rhum qu'il avala tout d'un trait. Dès lors ses souffrances devinrent tellement insupportables, ses cris si terribles, ses transports si effrayants, que les nègres l'abandonnèrent sur la route, en s'écriant, dans la simplicité de leur langage, qu'il était puni *pour avoir tué Dieu et les hommes*. Collot demeura seul et sans secours dans cette horrible situation jusqu'à ce qu'une personne passant sur la même route, eut pitié de son état et le fit conduire à l'hôpital de Cayenne où il mourut le 19 nivôse an IV. (8 janvier 1796.)

— Ma foi, j'en suis fâché, dit M. de Combles en apprenant cette nouvelle.

— Quoi! lui dit-on, vous regrettez ce scélérat?

— Ce n'est pas le tribun féroce que je regrette, mais le comédien : je crois que j'aurais eu du plaisir à le siffler.

(*Extr. des souv. du trib. révolut.*)

Faute commise et réparée.

La princesse de Monaco, parée de tous les charmes de la jeunesse, est traduite devant le tribunal révolutionnaire; elle frémit en entendant prononcer l'arrêt qui l'envoie à la mort; et, pour retarder l'instant fatal, elle se dit enceinte. Un chirurgien indulgent confirme sa déclaration, et l'on ramène la princesse de Monaco dans sa prison où elle est désormais assurée de passer plusieurs mois sans courir de danger; or, à cette époque, la question de temps était une question de salut, car l'ordre de choses qui existait pouvait être renversé d'un jour à l'autre. Cependant à peine la princesse est-elle rentrée en prison qu'elle regrette d'avoir offensé Dieu, en alléguant une chose fausse. Cédant à un sublime repentir, elle s'empresse d'écrire à Fouquier-Tinville pour lui avouer qu'elle n'est pas enceinte. Le lendemain Fouquier l'envoyait à l'échafaud.

(*Extr. des souv. du trib. révolut.*)

La vengeance d'un tribun.

(1793).

Il ne faut pas croire que tous les membres du comité

de salut public, sous la Convention, furent des scélérats. Emportés par les événements ou les circonstances, quelques-uns versèrent le sang pour sauver leur propre tête, et sans vouloir ici les excuser, on peut dire qu'ils arrachèrent souvent des victimes à l'échafaud. C'est ainsi que Barrère, qui n'était pas naturellement cruel, vota cependant la mort de Louis XVI. Plus tard, il se sépara de Robespierre, de Couthon et de Saint-Just, et eut une grande part à l'événement du 9 thermidor, qui fit cesser le règne de la Terreur.

M. Ch. de Mazade va nous rapporter un fait qui prouve beaucoup en faveur des bons sentiments naturels de Barrère, puisqu'il joua sa tête pour sauver celle d'un de ses ennemis.

Un jour, vers la plus sanglante époque de la République, une jeune fille s'arrêta près des portes de la Convention ; elle était vêtue de noir et très-simplement ; en présence de ce spectacle nouveau pour ses yeux, elle ne put s'empêcher de montrer son anxiété. Pourtant elle se remit peu à peu, et prit plus d'assurance, comme il convenait, pour ne point attirer les regards : la foule continuait de s'écouler ; ceux-ci passaient sans s'arrêter, plus d'un même sans détourner la tête ; d'autres s'engouffraient à grand bruit vers les portes de l'Assemblée ; bientôt invinciblement attirée, emportée, comme dans un rêve, pêle-mêle avec ce pâle troupeau de patriotes à l'œil sombre, de *tricoteuses* à la voix rauque, la jeune fille suivit. Elle était au sein de la Convention nationale ! D'abord elle se mit à l'écart, sourde à toutes les rumeurs qui grondaient; que lui importait cela? Son âme était ailleurs, loin de cette enceinte, au chevet d'un prisonnier voué à la mort peut-être ! C'était là la pensée qui faisait venir parfois des larmes dans ses yeux.

— Oh ! je le sauverai ! disait-elle tout bas en son cœur, je veux le sauver !... Pourquoi le tuerait-on? Ce serait affreux !... D'ailleurs, il n'a point commis de crime, j'en suis sûre ! mais comment faire pour le sauver ?

En ce moment, le bruit confus qui se faisait commença à s'apaiser; on commandait le silence de tous côtés. Une voix retentit dans la salle : en entendant cette voix, la jeune fille tressaillit tout à coup, passa la main sur ses yeux, écouta de nouveau :

— Cette voix ! cet homme ! s'écriait-elle; oh ! mon Dieu ! qui est ça?

— Ça !..... répondit une grosse femme à la face couperosée; ça, c'est le citoyen Barrère qui chante une antienne aux Prussiens, et qui leur flanque un bulletin dans le ventre, et Vive la République !...

— Lui !... Bertrand !... je l'avais oublié, en effet !

— Hé ! hé ! reprit la vieille en ricanant, et tournant vers son interlocutrice un regard de satire, est-ce que le salut public, et la petite piegrièche.....?..... Enfin, suffit, vois-tu, reprit-elle avec un ton protecteur, si tu veux t'instruire tout à fait, Barrère, c'est des bons, mais il faut qu'il se tienne droit, on le surveille ! Ça n'a pas plus de cœur qu'un poulet. Il a fait le doucereux avec l'autre (l'autre, c'était Sa Majesté le roi Louis XVI).

La jeune fille frémit d'horreur en entendant ces paroles et fit un mouvement involontaire : pourtant dans ces mêmes paroles n'y avait-il pas quelque motif d'espoir ?

— Oui ! se dit-elle, il est bon !... il est généreux ! peut-être tous les doux souvenirs ne sont pas effacés de sa mémoire. Autrefois, il m'aimait ! La parole expira sur ses lèvres et sa tête se pencha douloureusement. Oui ! mais ce passé n'est-il pas un obstacle? reprit-elle un peu après; qui sait s'il a oublié, ou s'il voudra ne se souvenir que pour pardonner; pourtant lui seul pourrait me rendre la vie, en le sauvant; mon Dieu ! mon Dieu ! si j'osais !...

Un violent combat paraissait se livrer dans son cœur, combat de l'espoir et de la crainte, de la confiance et du désespoir !... La séance continuait; mais au milieu de toutes ces choses et de tous ces hommes elle ne voyait qu'un but et qu'un homme; tout le reste disparaissait; enfin, s'arrachant à ce songe plein de trouble, et, comme sous le coup d'une résolution décisive, la jeune fille se leva et sortit. Elle alla se poser au seuil de la porte de l'Assemblée et attendit longtemps; rien ne pouvait échapper à ses yeux fixés sur chaque personne qui sortait; tout à coup son regard s'illumina : Bertrand Barrère passait, là, à côté, frôlant sa robe, mais sans l'apercevoir; elle le suivit pas à pas, de loin; bientôt, le voyant entrer dans une maison, elle se glissa furtivement après lui; des pas retentissaient dans l'escalier, elle monta à son tour; une porte se ferma, elle était là sur le seuil; ses jambes tremblaient; la crainte brisait toutes ses forces : un moment encore et peut-être l'avenir allait apparaître plus joyeux; peut-être n'était-ce que le désespoir qui l'attendait. C'est ainsi qu'on a hâte de savoir le dernier mot d'une destinée, et qu'on tremble lorsque ce mot suprême est près de frapper l'oreille! Tous les courages faiblissent à cette heure!

Sur un léger coup, la porte s'ouvrit; Barrère était encore là :

— Citoyen!... Monsieur..... dit la jeune fille en s'agenouillant devant lui.

— Marguerite Jonzac!... s'écria celui-ci en la relevant aussitôt.

Malgré le ton d'étonnement, il y avait une bienveillance extrême dans l'accent de Barrère; sa figure rayonna d'un contentement inaccoutumé; on eût dit que, chassant les sombres préoccupations du moment, bercé dans un nuage inaperçu, venait de lui apparaître quelque doux fantôme de la jeunesse; un calme sourire errait sur ses lèvres; il prit la main de la jeune fille dans les siennes :

— Vous ici, Marguerite! reprit-il, vous, à qui j'ai bien souvent songé avec tendresse.

— Oh ! merci, dit Marguerite; merci, monsieur Bertrand ! je ne sais comment vous nommer maintenant ; je craignais de n'être plus reconnue; il m'a fallu bien du courage pour vous suivre, pour venir à cette porte !

— Qui ! moi, ne pas me souvenir de vous? reprit Barrère... Quoique de plus graves devoirs soient venus m'occuper, ne craignez pas cela ; non ! je me souviens qu'il y a quelques années, — des siècles dans le temps où nous vivons, — vivait tout près de Tarbes une jeune enfant, douée de toutes les grâces, belle comme un ange, qui avait nom Marguerite Jonzac. Bientôt je l'aimai, je ne songeai plus qu'à elle; j'aurais tout donné pour elle, et son père aurait peut-être vu avec joie notre amour; mais que faire? Le cœur de Marguerite était déjà tout à un autre. De là de vives querelles, des luttes; il n'y a que cela que j'aie oublié, ma pauvre enfant. Toutes ces haines dorment en moi ; tant d'autres pensées les ont refoulées au fond de mon cœur !

En ce moment un léger nuage passa sur son front.

— Et M. Louis de Liron? ajouta-t-il avec plus de gravité.

— Il est ici, répondit la jeune fille d'un ton bas... en prison, près d'être jugé et condamné peut-être.

— En prison !

— Mais il est innocent, j'en suis sûre, reprit Marguerite avec vivacité. Hélas ! je n'ai plus que lui au monde maintenant : mon père est mort en maudissant notre amour. Louis est venu à Paris, et, à peine arrivé, il a été arrêté. Que pouvais-je faire en apprenant cela? je suis partie désespérée, la mort dans l'âme; j'ai voulu le revoir, le sauver s'il se pouvait; mais une pauvre femme isolée, étrangère, que peut-elle?... Le hasard vous a fait apparaître à moi, et je l'ai béni. En face d'un tel danger, me suis-je dit, les vieilles inimitiés disparaissent : je suis venue vers vous.

— Et vous avez bien fait, Marguerite!... Il est vrai, reprit le conventionnel, un peu après et poussé par un souvenir amer; j'ai bien haï cet homme à cause des humiliations de mon cœur, parce qu'il a toujours su dans ma jeunesse se poser entre ce que j'appelais mon bonheur et moi; je l'ai haï comme on hait lorsqu'on est jeune, c'est-à-dire... avec tout l'emportement de l'irréflexion; mais, je vous l'ai dit, tout cela est éteint : que pouvaient être de petites querelles d'enfants auprès des luttes plus sérieuses où j'ai été mêlé? Et, si je n'avais pas pardonné depuis ce dernier jour où nous nous sommes vus face à face, chacun une arme à la main, quel moment plus heureux que celui-ci pour étouffer toute haine! Mais lui!... a-t-il oublié sa vieille animosité, et peut-être...

— Hélas! reprit Marguerite, sauvez-le, et j'embrasserai vos genoux. Comment pourrait-il encore vous haïr lorsqu'il vous devra la vie?

— Oui, nous le sauverons, dit Barrère, nous le sauverons pour vous, Marguerite, pour lui, pour moi! Pour moi dis-je; on ne sait pas ce qu'il il y a de joie en mon âme quand je puis sauver la tête d'un innocent. Qu'est-ce donc lorsqu'il s'agit d'un enfant de mon pays, de quelqu'un qui est né où je suis né, qui a grandi où j'ai grandi?

— Si je pouvais le revoir un instant d'abord! dit avec timidité la jeune fille.

Barrère réfléchit, songeant à ce qu'il pourrait faire.

— Mais dans quelle prison l'a-t-on mis, reprit-il?

— Je me suis bien informée, répondit Marguerite; c'est à Saint-Lazare qu'il est.

— Eh bien! plus de retard!... Venez, mon enfant, venez Marguerite! vous le verrez, et nous le sauverons! Je répondrai de lui devant tous comme de moi-même... Que puis-je faire de plus? Venez donc!

— Oh! mon Dieu! merci d'abord, reprit Marguerite, merci, monsieur Bertrand; je ne sais que dire pour vous exprimer ma reconnaissance; mais je sens déjà plus de joie, mon bonheur peut renaître, et c'est à vous que je le devrai!

Ils sortirent tous deux; Bertrand Barrère et Marguerite Jonzac, ce tribun et cette jeune fille, et ils couraient vers la maison de Saint-Lazare; ils allaient sans mot dire, tous deux émus, mais remplis d'espoir. Les portes s'ouvrirent devant le membre du comité de salut public. A ce bruit de grilles refermées, de verrous rentrant dans leurs gaînes, Marguerite frémit. Quelque chose de triste l'agita comme un fâcheux pressentiment. Si ces portes allaient ne se rouvrir jamais.

— Le prisonnier Liron ! dit Barrère au geôlier.

— Citoyen, attendez donc, reprit celui-ci ; où faut-il prendre ça, Liron ; il n'y a pas bien longtemps... Ah ! j'y suis ; c'est, poursuivit-il en s'en allant, mauvais signe pour celui-là, mauvais signe ! son affaire est faite ; bah !

La jeune fille tremblait et sentait ses jambes fléchir sous elle en voyant ces murs sombres, humides, où pas un rayon de soleil ne semblait éveiller quelque idée de vie et d'espérance..... Tandis qu'ils attendaient, un homme passa, qui semblait venir de l'intérieur des prisons ; il avait une mine sèche et insolente, la parole haute.

— Ah ! ah ! le citoyen Barrère, dit-il du plus loin qu'il aperçut celui-ci :

— C'est vous, Fouquier ! et où allez - vous donc ainsi ?

— Porter les listes de ceux qui doivent être jugés.

— Et condamnés sans doute !... Voyons donc.

Il prit un papier et lut un instant.

— Liron ! s'écria-t-il tout à coup. Il était temps ! qu'a donc fait cet homme? ajouta Barrère en se tournant vers son interlocuteur, qui n'était autre que Fouquier-Tinville, l'accusateur public.

— Suspect ! répondit celui-ci.

— Et si je répondais de lui ?

— Ce serait voler la République ; prenez garde !

Puis ils parlèrent bas.

Tandis qu'ils étaient ainsi, Marguerite s'était tenue à l'écart dans l'attente, écoutant chaque bruit de pas pour distinguer l'approche du prisonnier. M. de Liron était arrivé surpris et défait, comme lorsqu'on a dit adieu à toute espérance ; la jeune fille s'était jetée aussitôt dans ses bras.

— Toi ici ! Marguerite ! s'écria le prisonnier ; toi que je revois, que je serre sur mon cœur ! Oh ! ce n'est pas possible !

— Oh ! mon ami ! Louis, c'est bien moi, reprit Marguerite. Comment ne serais-je pas accourue ? J'avais besoin de te voir ! va, tu ne mourras pas ! tu es à moi !

Le jeune homme sourit ; Marguerite continua :

— Non ! pourquoi t'enlèverait-on à ma tendresse ? Tu n'as rien fait qui mérite la mort ; quelques mots imprudents peut-être !... quelques paroles...

— Oui, c'est bien cela !... ou plutôt... qui le sait ? quelque vengeance... peut-être.

— Et qui se vengerait de toi, Louis ?... Non, ce n'est pas possible ! Mais ces portes se rouvriront bientôt, et nous repartirons sans regarder seulement derrière nous..... Sinon pour rendre grâce à celui qui t'aura sauvé !

— Mais, j'y songe, répartit Louis de Liron, qui donc a pu me procurer cette joie suprême de te revoir ? Qui donc a pu mettre en toi ces folles idées de salut prochain ?

Avant que Marguerite eût pu répondre, Barrère, qui venait de quitter Fouquier, s'était approché, tendant la main au prisonnier. A son aspect, le jeune homme se redressa, ses yeux flamboyaient : il garda un instant le silence sans répondre aux avances amicales de Barrère. En présence de la jeune fille, il avait paru triste et presque abattu ; en présence du tribun, toute sa fierté se réveilla, son âme bondit sous une vieille haine. Involontairement ses sentiments s'étaient montrés dans un éclair de ses yeux ; chacun attendait avec crainte.

— Ainsi, dit M. de Liron avec une sanglante ironie, c'est vous qui voulez me sauver? C'est cet homme, Marguerite, que vous avez choisi pour m'ouvrir ces portes?... O misère !

— Louis ! s'écria la jeune fille stupéfaite.

— Et à quel prix vend-on mon salut? reprit le jeune homme ; je veux le savoir !..... Voilà peut-être encore un de ces mystères de corruption et de honte.

— Monsieur ! dit Barrère frémissant et se contenant mal ; songez qu'il y va de votre vie, si on vous entendait ! Moi, j'oublie tout en face de vos dangers.

— Oublier ! et moi je n'oublie pas, reprit M. de Liron, être sauvé par vous, mieux vaut encore la mort.

— Malheureux ! dit la jeune fille en sanglotant.

Barrère était ému, inquiet. Que faire devant l'insulte d'un homme qui va mourir demain peut-être? La générosité l'emporta encore en lui ; il s'approcha de M. de Liron, et presque suppliant :

— Votre main, monsieur, lui dit-il, voici la mienne !

M. de Liron croisa ses bras, et avec une fierté hautaine dans le regard :

— La dernière fois que nous nous sommes rencontrés, répondit-il froidement, ce n'est point avec une parole d'amitié, et en serrant nos mains que nous nous sommes quittés : il ne devait plus rien y avoir de commun entre nous ; nous ne devions plus nous revoir. Mais, ajouta-t-il avec une amertume ironique, nous n'avons pas prévu le cas où l'on pourrait se retrouver face à face, vous étant le bourreau, moi la victime !

— C'en est trop ! s'écria Barrère.

La jeune fille se tourna vers lui avec un ton de prière qui arrêta la parole sur ses lèvres.

— Qu'est-ce donc ? dit le geôlier qui entrait en ce moment.

— Cela veut dire, citoyen geôlier, répondit M. de Liron, que tu vas me ramener entre mes quatre murailles, jusqu'au moment !... Il n'acheva pas et sortit, lançant un regard plein de dédaigneuse pitié.

— Louis ! s'écria encore une fois la jeune fille épouvantée.

— Malheur ! murmura Barrère.

Ils se regardèrent tous deux un instant avec des yeux désolés, songeant que cette fois, peut-être, tout était dit ; que ce jeune homme, qui s'en allait ainsi, était une proie assurée pour la mort ; ni l'un ni l'autre n'osaient parler; après un moment de silence contraint, ils sortirent pourtant ; déjà la nuit se faisait, une nuit froide, brumeuse, humide ; il tombait un épais et menu brouillard qui glaçait ; de loin en loin quelques pâles lanternes se balançaient dans la brume, jetant une lueur triste et blafarde; ils s'en allaient silencieux ; la jeune fille avait l'âme éperdue et retenait avec peine ses larmes. A quelques pas, on entendit un grand bruit au milieu duquel on pouvait distinguer le nom de Barrère... C'étaient les cris de haine des prisonniers qui venaient d'apprendre sa venue ; mais ces hurlements s'éteignaient déjà, et le bruit serra l'âme du tribun ; il pressa involontairement le pas, et entraîna Marguerite. Triste destinée ! Cet homme qui était venu pour une bonne action, pour arracher une tête à la guillotine, ne recevait qu'imprécations et témoignages de haine ! et au milieu de cette nuit sombre et froide, il marchait, sentant un attendrissement inconnu dans son cœur, croyant toujours entendre quelque nouvel anathème lancé sur sa tête.

Quand ils furent rentrés, Barrère se laissa tomber sur un siége, tantôt contemplant la tristesse profonde de Marguerite, qui n'osait ou ne pouvait parler, tantôt paraissant réfléchir ; il ne voyait rien autour de lui des choses qui l'occupaient habituellement..., la douleur seule de ce qui venait de se passer l'accablait ; que faire pourtant? Ce qui le déchirait surtout c'était l'affliction naïve de cette jeune fille; tout à coup il se releva :

— Eh bien! s'écria-t-il, il sera sauvé malgré lui! Oui, pour vous, Marguerite!... Je répondrai à sa haine par un oubli obstiné; je fermerai mes oreilles à ses cris, pour ne point concevoir de rancune à mon tour.

— Se peut-il! oh! mon Dieu! reprit Marguerite tremblante, et ouvrant ses yeux brillants déjà d'un nouvel espoir.

— C'est de la folie, continua Barrère, que cet aveuglement furieux! cela n'a été qu'un emportement passager qu'il regrette peut-être à cette heure! pourvu qu'il soit encore temps! Va, mon enfant, je te le répète, je le sauverai.

— Et comment faire? dit la jeune fille.

— Je te le dirai plus tard. Je n'ai pas un instant à perdre, et quand il sera hors de sa prison, hors de Paris même, il faudra bien qu'il vive alors!...

Barrère sortit en disant ces mots, laissant Marguerite incertaine encore et inquiète, comme elle l'était la veille, comme elle l'était le matin même. Seule alors, la jeune fille put jeter les yeux autour d'elle et voir ce que c'était que l'appartement de ce membre du comité de salut public. Tout était simple, sans ornements superflus, arrangé avec une régularité bourgeoise; il n'y avait rien au delà du nécessaire, et quel nécessaire encore pour un des chefs du Gouvernement, pour un homme qui tenait de sa main le sceptre de la France, et avait sa part de cette terrible royauté collective ! Où donc était la richesse et la profusion abondante des autres gouvernements? C'était presque de la pauvreté qui régnait là, et ce tribun, Bertrand Barrère, au nom duquel les bandes républicaines couraient de victoire en victoire, se voyant, pour vivre, forcé à emprunter quelques milliers d'écus (1).

Marguerite ne savait point cela, mais elle avait entendu porter haut le nom de son protecteur, elle restait étonnée, pleine de respect et même temps pour une simplicité si digne. Une heure environ s'était passée, quand un bruit de pas se fit entendre : Barrère parut sur le seuil, elle courut vers lui.

— Eh bien ! mon enfant, dit celui-ci, espère !... Je viens du comité... Le nom de M. de Liron est rayé des listes. J'ai donné des ordres pour qu'il fût extrait aussitôt, et comme je le désire.... Maintenant, si tu veux le revoir, dans quelques heures peut-être... cela sera possible; d'ici là, il faut me suivre !

— Dites un mot, je vous suivrai partout !..... Mais avant, comment puis-je vous remercier dignement?

— En vous souvenant parfois de moi, dit Barrère avec mélancolie, ce sera mon paiement le plus doux;

(1) Voir les *Mémoires de Barrère*, pour ce fait, et quelques autres encore.

le souvenir d'un cœur ami porte toujours bonheur, Marguerite !...

Une voiture attendait à la porte; cette voiture les emporta rapidement d'abord à travers Paris, puis dans la campagne, et ne s'arrêta qu'à quelque distance, pour les laisser dans une maison assez isolée. Ils avaient attendu depuis longtemps, lorsque Barrère frémit tout à coup en entendant un roulement rapproché. Bientôt des voix retentirent; la porte s'ouvrit...

— Louis ! s'écria Marguerite, dans l'exaltation de sa joie.

— Encore vous! dit le jeune homme, en jetant un coup-d'œil sur Barrère. Que dois-je donc attendre? Sans doute une mort plus lente, plus cruelle.

Barrère ne répondit pas.

— Oh! pas d'insulte! reprit la jeune fille avec une fierté digne; écoutez-moi d'abord : Cet homme que vous offensez est votre sauveur, Louis, c'est le mien!

Le jeune homme tressaillit.

— Vous voyez bien qu'il faut m'entendre. Quand j'ai su que vous étiez arrêté, je suis partie voulant vous revoir encore parce que je vous aimais, parce que je voulais mourir avec vous, s'il le fallait. Je suis venue sans savoir ce qu'on pouvait faire pour vous sauver. Si j'avais dit, moi seule, que vous étiez innocent... qui donc eût écouté ma voix?... Le hasard, ou Dieu bien plutôt, m'a montré M. Barrère. Alors je n'ai plus écouté que l'instinct qui me poussait vers lui. J'ai oublié qu'autrefois il y avait eu des haines entre vous..... des haines terribles qui m'ont coûté bien des larmes...... et il s'est trouvé que lui, généreux et bon, avait oublié aussi..... qu'il a voulu vous arracher à la mort. Une fois, vous l'avez insulté; il pouvait se venger de cette injure... mais non... il vous sauve malgré vous... A vos paroles de haine, il répond par l'amitié la plus noble; à votre dédain, il répond par le dévouement, et vous l'insultez de nouveau! Vous voyez bien, vous n'aviez pas songé à tout cela. C'était un éclat d'un moment, n'est-ce pas? Oh! vous m'avez brisé le cœur, mon ami, quand j'ai vu tant de colère pour un bienfait. Louis, voyez, je pleure, et ce sont des larmes de reconnaissance pour lui autant que d'amour pour vous!

La jeune fille s'arrêta, suffoquée en effet par les sanglots, et épuisée par son émotion. M. de Liron était pâle et triste. Chaque mot de Marguerite avait jeté le trouble dans son âme; toute sa haine se fondait au souffle de cette parole aimée et chaleureuse. D'ailleurs, ne voyait-il pas à son tour toute la générosité de celui qu'il avait regardé comme son ennemi? Barrère les regardait avec une douce tranquillité; la joie sur le front, comme lorsqu'on a bien fait, il s'approcha d'eux :

— Eh bien! monsieur de Liron, refusez-vous de serrer cette main à présent? lui dit-il. Je ne me serais point défendu, mais j'accepte tout ce qu'a dit mademoiselle Jonzac.

M. de Liron prit sa main.

— Pardon! monsieur, dit-il, pardon de vous avoir méconnu. Oui, Marguerite l'a dit, c'était un aveugle emportement.....

— Pas de pardon! dit vivement Barrère, mais de l'amitié; c'est ce que je veux.

En même temps, il serra dans les siennes les mains des deux jeunes gens avec une effusion paternelle, et s'arrêta un instant à fixer sur eux un regard rêveur; puis, ayant appelé celui qui avait accompagné M. de de Liron de sa prison jusque-là :

— Jacques, mon ami, lui dit-il, tu m'as prêté cette chambre pour ma vengeance : aie soin de ces deux enfants jusqu'à demain, où je viendrai pour les voir et préparer leur départ; car l'air de Paris n'est pas bon à présent! Et vous, mes enfants, ajouta-t-il, si cela se peut, songez à moi; que mon souvenir ne s'éteigne pas tout à fait!

— Jamais! s'écrièrent ensemble M. de Liron et Marguerite. Désormais l'époux et l'épouse se souviendront qu'un homme les a faits heureux sur la terre!

— Et maintenant, reprit Barrère avec tristesse, qui sait si quelque jour je pourrai me sauver moi-même?...

Puis il sortit, et tandis que le matin naissait déjà, il rentra lentement à Paris où l'attendaient les orages et la lutte.

Ch. de Mazade.

On sait que Barrère fut du petit nombre de ceux qui

échappèrent à l'échafaud; et sans doute, qu'à sa mort, qui arriva en 1841, le souvenir des victimes qu'il avait sauvées, dut consoler son cœur si rudement éprouvé. Espérons que Dieu, dans son immense bonté, lui qui ne laisse aucune bonne action sans récompense, lui aura accordé la grâce du repentir final!

Les bulletins de Fouquier-Tinville.

Une pierre détachée d'un vieux monument est souvent plus précieuse aux yeux de l'antiquaire, que les plus doctes dissertations sur ce même monument. Jugez, en lisant les bulletins de mort signés par Fouquier-Tinville, si, malgré leur sécheresse et leur brièveté, ils ne vous glacent pas le sang dans les veines; admirez encore la fortune et la chute des partis qui se disputent le pouvoir, lorsque vous rencontrez le lendemain sur la liste de proscription les vainqueurs de la veille qui y inscrivaient leurs ennemis.

Ce premier bulletin trahit la précipitation dont se sert le juge pour se débarrasser du condamné :

« L'exécuteur des jugements criminels ne fera faute de se rendre de suite à la maison de justice de la Conciergerie, pour y mettre à exécution le jugement qui condamne François Gopenay à la peine de mort. L'exécution aura lieu à deux heures de relevée, sur la place de la Révolution de cette ville.

« Fait au tribunal révolutionnaire, le 7 ventôse, l'an second de la République française.

« *L'accusateur public,*

« *Une voiture.* A. Q. FOUQUIER. »

Le second bulletin est remarquable par le laconisme qui règne dans l'ordre qu'il transmet. L'accusateur ne désigne même pas par leur nom les victimes qu'il envoie à l'échafaud.

« Le charpentier du domaine fera les préparatifs nécessaires pour l'exécution du jugement rendu par le tribunal contre Souty, François Dreyre et *dix autres* condamnés à la peine de mort. Cette exécution aura lieu à quatre heures de relevée, cejourd'hui, sur la place de la Révolution de cette ville.

« Fait au tribunal révolutionnaire, le 7 ventôse, l'an second de la République française.

« *L'accusateur public,*

« *Deux voitures.* A. Q. FOUQUIER. »

Savez-vous quelque chose de plus atroce, de plus insensé dans la vie des Césars romains, que cette expression et *dix autres condamnés à mort,* sans autre qualification? Qu'importe à l'accusateur quels seront les malheureux que saisira le bourreau, pourvu qu'il ait son nombre il sera satisfait. Ce jour-là, il a besoin de douze victimes; il en a bien déjà deux qu'il connaît par leur nom, qu'il a marquées de son signe fatal, mais il lui en manque encore dix. Pour que l'exécution soit salutaire, il faut que le nombre des décapités soit grand. Faute de victimes désignées, l'exécution ne sera pas remise au lendemain. L'exécuteur se présentera aux prisons ; il demandera au geôlier dix condamnés à son bon plaisir ; le geôlier lui livrera les dix prisonniers qui lui tomberont les premiers sous la main ; le bourreau lui donnera un reçu de ces dix personnes qu'il emmènera, et tout sera dit, fini entre eux ; et l'accusateur aura eu ses douze têtes dans le panier sanglant. Et s'il arrive le lendemain qu'un sursis, qu'une grâce soit accordée à l'un de ces malheureux de la veille, s'il se fait que les juges évoquent la cause de l'un de ces martyrs qui auront été guillotinés la veille parmi les dix, il sera condamné à mort par défaut. Que le juge apprenne ce qui s'est passé, et pourquoi le prévenu ne répond pas à son appel, il s'applaudira de ce que le prisonnier n'a pas échappé à sa vengeance, et surtout il s'applaudira du zèle de ses agents qui devancent ses arrêts et les exécutent avec autant d'ardeur que d'intelligence. Et l'on ose parler de justice, d'égalité républicaines ! Oui, vous avez raison de vanter cette égalité qui pousse à la mort le premier venu. Cette égalité est la confusion la plus barbare, la plus stupide, la plus exécrable qui ait jamais existé, même chez les peuples les plus grossiers ; et il y a plus que de la folie, il y a un crime chez les individus qui tentent de nous ramener à ces époques de sanglante mémoire.

Voici pour les membres de la Convention nationale. Quinze têtes roulèrent ce jour-là sur l'échafaud.

« L'exécuteur des jugements criminels ne fera faute de se rendre, cejourd'hui, à la maison de justice de la Conciergerie, pour y mettre à exécution le jugement qui condamne les nommés Lacroix, Danton, Desmoulins, Phelippeau, Hérault, Westermann, Fabre, Delaunay, Chabot, Bazire, d'Espagnac, Junius Frey, Emmanuel Frey, Perricheux et Gusman à la peine de mort.

« L'exécution aura lieu, à 4 heures de relevée, sur la place de la Révolution de cette ville.

« Fait au tribunal, le 6 germinal, l'an second de la République française.

« *L'accusateur public*,

« *Trois voitures*. A. Q. FOUQUIER. »

Voici pour les membres de la Commune de Paris. Vingt têtes tomberont sous le couteau dans la même journée.

« L'exécuteur des jugements criminels ne fera faute de se rendre, le 24 germinal, à la maison de la Conciergerie pour y mettre à exécution le jugement qui condamne Arthur Chaumet, Gabel, Ragondet, Ernest Bucher, Lacombe, Lasalle, Lapalus, Rameau, Lacroix, Gramont père, Gramont fils, Duret, veuve Desmoulins, veuve Hébert Lacombe (ce nom est effacé par Fouquier-Tinville), Baras, Philippe Simon, Bessert, et Lambert et

Lauger (ce nom est biffé) et Brossart à la peine de mort.

« L'exécution aura lieu ledit jour, à 4 heures de relevée, sur la place de la Révolution de cette ville.

« Plus la femme Hébert.

« *L'accusateur public,*

« *Trois voitures.* A. Q. Fouquier.

« Naulin, substitut. »

En examinant ce bulletin, on remarque que Fouquier-Tinville est irrésolu sur les condamnés qu'il veut donner en pâture au bourreau. Il efface le nom de la veuve Hébert, et il le rétablit à la fin. Arrivé au nom de Bessert, il pose sa plume, puis il la reprend, il hésite, il biffe un nom, toutes choses qui nous sont répétées par la conjonction *et* trois fois répétée : *et* Lambert, *et* Lauger, *et* Brossart.

Voici venir le tour de Fouquier-Tinville. Il a cessé de signer les arrêts de mort, et une main nouvelle vient d'inscrire son nom sur les fatales tablettes où il précède ceux de dix-sept autres victimes.

« L'exécuteur des jugements criminels ne fera faute de se rendre aujourd'hui, 17 floréal, à la maison de justice de la Conciergerie, pour y mettre à exécution le jugement qui condamne Antoine-Quentin Fouquier, Etienne Foucault, Gabriel-Toussaint Sellier, François-Pierre Garnier-Launay, Pierre-Nicolas Leroy dit *dix-août*, Léopold Renaudin, Joachim Vilate, Jean-Louis

Prieur, Claude-Louis Châtelet, François Girard, Pierre-Joseph Boyenval, Pierre-Guillaume Benoist, Marie-Emmanuel Lanne, Joseph Vernet, François Dusaunier et Amand-Martial-Joseph Herman, à la peine de mort.

« L'exécution aura lieu sur la place de Grève.

« *L'accusateur public,*

« JUDICIS. »

« Fait au tribunal, le 17 floréal, l'an troisième de la République.

« L'exécution susdite sera remise à demain, 18 floréal, neuf heures du matin.

« Au tribunal, les jour et an que dessus.

« JUDICIS. »

« *Trois voitures.* Le 18 floréal.

« Exécuté le 18 floréal, l'an troisième. »

Et vous croyez peut-être que la ville était plongée dans la consternation, alors qu'avaient lieu ces horribles hécatombes! La terreur régnait dans les familles que leur noblesse, leur opulence, leur patriotisme éclairé rendaient suspects aux farouches tribuns, tandis que le peuple allait, comme en pleine prospérité, se divertir au bois de Romainville, à Meudon, dans le parc de Versailles, ou bien encore dans celui de Saint-Cloud, ou dans la forêt de Saint-Germain; et le soir, les citadins, que les voitures publiques descendaient aux Champs-Elysées, traversaient la place de la Révolution en devisant avec leurs femmes des plaisirs de leur excursion, et en prêchant à leurs fils les vertus et la clémence de la nouvelle ère républicaine ; et quelques heures auparavant, le sang ruisselait sur cette place, les chiens couraient s'y désaltérer, ainsi que s'en plaignait Chaumette qui, plus tard, vint à son tour porter sa tête sur cet échafaud en permanence. Que dire de cette insouciance !

La défroque des décapités.

Si l'on continue l'examen des documents autographes qui nous restent sur cette époque, on rencontre l'inventaire des effets laissés par les guillotinés. Ce n'est pas sans émotion que l'on découvre la liste des objets qui appartenaient à tel ou tel individu fameux, quelques puérils que paraissent ces inventaires de meubles et de hardes au premier aspect.

Guiard, ancien concierge de la prison du Luxembourg, changea de rôle un jour lui-même, et de geôlier devint prisonnier. Il fut incarcéré à la Conciergerie. Les effets des prisonniers, lorsqu'il était à la tête de la prison du Luxembourg, étaient déposés dans le logement qu'il occupait dans cette maison d'arrêt. On n'avait pas fait d'inventaire. Alors que le prévenu était relâché, il réclamait ses effets, et l'on ne savait retrouver ceux qui lui appartenaient. Guiard, qui seul pouvait mettre sur la voie, fut extrait de la Conciergerie. Il conduisit les commissaires chargés par la Convention nationale, ains que le confirme leur rapport, dans une petite chambre à côté du greffe, éclairée par une croisée sur la cour, soleil du midi; et le 26 thermidor de l'an II de la République française, une et indivisible, il fut dressé un procès-verbal dont nous extrayons les passages suivants.

A *Dom Guerle*, ex-chartreux :

Un petit paquet renfermant deux pièces d'argent à l'effigie de Capet, de 12 livres.

A *Boisgelin,* tombé sous le glaive de la loi :

Un étui de basane rouge, renfermant un gobelet de cristal; un étui idem; une petite pendule dans un étui de galuchat, à charnière et agrafe; un flambeau à deux bobèches de cuivre argenté, avec un garde-vue peint en vert.

A *Maluisy,* tombé sous le glaive de la loi :

Deux étuis renfermant deux gobelets de cristal; plus une boîte rouge en écaille, avec un portrait de femme; plus enfin une lunette d'approche.

A *Chambon d'Arbouville,* tombé sous le glaive de la loi :

Une lunette d'approche; plus du galon en or, propre à être brûlé.

A *Dubuisson*, tombé sous le glaive de la loi :

Trois montres, un violon et une clarinette.

A *Lurienne*, tombé sous le glaive de la loi :

Une montre en or.

A *La Rivière*, tombé sous le glaive de la loi :

Deux petites montres en or; plus une bague avec chiffres sous verre; plus une paire de boucles d'argent et les tirans en cuivre.

A *Dathier*, tombé sous le glaive de la loi :

Deux petites cuillères d'argent à café.

A *Perrot*, tombé sous le glaive de la loi :

Un étui en chagrin vert, renfermant une petite cuillère et une fourchette d'argent doré, et un petit couteau en forme de lancette.

A *Charbonnière*, tombé sous le glaive de la loi :

Une lorgnette.

A *Nicolaï*, tombé sous le glaive de la loi :

Un étui de basane rouge, dans lequel est un gobelet et deux lunettes d'approche, etc., etc.

Les commissaires relevèrent dans les appartements du deuxième étage, dans les vacations du 25 thermidor au 18 fructidor, à la prison du Luxembourg, les objets qui suivent. Ici, nous allons trouver des noms célèbres dans les fastes révolutionnaires, tels que ceux de Danton, de Fabre d'Eglantine, et de Camille Desmoulins.

A Danton :

Un lit de sangle, un sommier de crin, deux matelas, un pot à l'eau avec sa cuvette en faïence, trois bouteilles vides, une cafetière de ferblanc, un petit miroir à chapitaux, un plat à barbe, un petit couteau de nacre de perle, lame d'argent, une bergère de damas à fleurs, une chaise de paille ordinaire, une petite table à écrire, une pelle et une pincette, deux petits flambeaux de cuivre doré.

A Fabre d'Eglantine, condamné :

Deux couverts d'argent à filet, une paire de draps, un gros manchon, une lunette d'approche en ivoire, 50 volumes reliés, 39 encyclopédies, 6 volumes des œuvres de Molière, deux cahiers, histoire de la Révolution, une lampe à quinquet, trois matelas, un fauteuil de paille à dos de lyre, un pot à eau, un carafon contenant quelques prunes, une demi-bouteille d'eau-de-vie, un cachet de bureau, une paire de boucles de jarretières en acier, 17 sous en numéraire, un petit orgue, 10 grandes bouteilles, cent cinq sous en assignats,

30 bouteilles vides, trois bougies, un bocal à cornichons, une bouteille à tabac, deux petites bouteilles à crême, une salière de cristal, une carafe d'huilier et une cassée, une cuvette, un petit poëlon de terre brune, 4 assiettes et un petit plat, une table à écrire.

A Camille Desmoulins, condamné :

Un mauvais chandelier de cuivre, une cafetière de ferblanc, un pot à eau en faïence, trois bouteilles, un petit poëlon, une marmite de terre, etc., etc.

Un fait digne de remarque, c'est que parmi le détail des objets qui appartenaient aux divers prisonniers, on rencontre une grande quantité de lunettes d'approche. Je me demande à quoi pouvait servir cet instrument d'optique. Si les prévenus montaient sur quelque plate-forme, à l'heure où on leur permettait de prendre l'air, avaient-ils l'espoir, à l'aide de ces lorgnettes, de découvrir le toit de leur domicile, ou les signes que leur faisaient de là leurs parents et amis? Nous ne voyons pas d'autre motif à la présence de ces instruments. L'inventaire des effets nous signale le caractère et la profession des individus qui les possédaient. Le violon et la clarinette de Dubuisson nous indiquent que ce dernier était musicien. Nous ne pouvons voir dans Camille, qui brode de la tapisserie en prison, qu'un efféminé grand seigneur formé à l'école de la régence. Fabre d'Eglantine, avec ses six volumes de Molière et ses quatre-vingt-sept autres volumes de l'Encyclopédie, de l'histoire de la Révolution et autre matière, montre le goût passionné de ce dramaturge célèbre pour la culture des lettres. Le prévenu n'étouffe pas l'écrivain. Son mobilier est le plus considérable. Fabre menait bonne vie en prison et buvait assez largement. Tandis que Camille Desmoulins, Danton et autres révolutionnaires n'ont que de misérables objets en leur possession, les ci-devants trahissent leur ancienne opulence par des bijoux précieux qu'ils gardent jusque dans ces lieux, d'où l'on ne sort que pour monter sur l'échafaud.

J'ignore le crime qui avait fait suspendre Guiard de ses fonctions de concierge à la prison du Luxembourg, et qui avait motivé son incarcération à la Conciergerie; mais toujours est-il que sa probité était exemplaire. Une note sur cet inventaire donna la preuve de son honnêteté. Il remit aux commissaires 1,859 livres qu'il avait trouvées dans les effets de Camille après son jugement. De ces faits, nous tirons encore la conclusion que les habits des décapités revenaient de droit au bourreau, puisque Guiard se contente de rapporter au greffe de la prison les objets qu'il a trouvés dans les poches, et qu'il n'est fait aucune mention des habits que portait le condamné.

Au reste, dans ces temps de sanglantes représailles, la maison du bourreau devait seule fleurir en France; et comme la tanière de la bête fauve regorge de dépouilles humaines après le carnage de la bataille, ainsi sa demeure et sa famille devaient nager dans l'abondance et la prospérité, car sa besogne était nombreuse, et chaque jour lui amenait au pied de son échafaud des charretées de victimes.

ERNEST ALBY.

Mademoiselle de Saint-Haigle.

(1794.)

M. J..., avocat au Parlement et doyen de l'ordre, apprit, vers la fin de l'année 1794, que mademoiselle de Saint-Haigle, à peine âgée de 16 ans, vivait, en proie à une affreuse indigence, avec une vieille religieuse, dans une maison du faubourg Saint-Marceau. M. J... avait été l'avocat, le conseil et l'ami du marquis de Saint-Haigle, major des cuirassiers sous Louis XV. Le fils et le petit-fils du marquis de Saint-Haigle avaient été également les clients du respectable avocat, qui avait été ainsi le guide et le patron de ces trois générations de guerriers. M. J... apprit en outre que de toute cette noble famille, jadis si florissante et si riche, il ne restait que la pauvre enfant, échappée comme par miracle à la hache révolutionnaire. Les vastes domaines, les splendides châteaux, les terres productives avaient été confisquées, et l'échafaud avait dévoré un à un tous les membres de cette illustre maison. Julie de Saint-Haigle avait vu tour à tour marcher au supplice son bisaïeul, son aïeul, son père, sa mère et ses deux frères.

Tant d'infortunes brisèrent le cœur de l'avocat ; il se souvint de la longue affection qui avait existé entre cette famille et lui, et résolut de venir en aide à l'orpheline.

M. J... se transporta dans le triste logis qui servait de refuge à mademoiselle de Saint-Haigle. Là, il vit une jeune fille belle, modeste, résignée, se livrant sans relâche à des travaux pénibles pour soutenir sa misérable existence et celle de la pieuse femme qui lui tenait lieu de mère. Les haillons qui couvraient le dernier rejeton du marquis de Saint-Haigle n'ôtaient point à ses traits leur distinction native, leur cachet de grandeur ; la noblesse de la race se révélait dans ses yeux, dans son langage, dans son maintien, dans ses moindres mouvements. Chaste et pure, la jeune vierge se courbait sous la main de Dieu qui la frappait, non avec l'humilité d'une pécheresse, mais avec la sérénité d'un ange et la dignité d'un martyr.

L'avocat et la jeune fille causèrent longtemps. Le vieillard se plaisait à sonder les replis les plus cachés de cet âme naïve, en l'interrogeant longuement sur ses malheurs. Julie trouvait un charme indéfinissable à dérouler ses calamiteuses aventures à ce guide sage qui pendant 60 ans avait été l'oracle de sa famille, et qui allait devenir le sien.

— Mademoiselle, dit l'avocat, vers la fin de l'entretien, vos malheurs devaient avoir un terme, et vous y êtes arrivée. Je suis riche en or et en années ; car j'ai quarante mille livres de rentes et 87 ans. Acceptez la main du vieillard pour posséder la fortune de l'avocat. Mon nom n'est point illustre; je n'ai ni blason, ni couronne à vous offrir, mais ma réputation est sans tache, et la probité, à mon avis comme au vôtre, sans doute, est le plus beau des titres et le plus respectable des parchemins.

Le malheur, mademoiselle, a mûri votre raison, a agrandi votre intelligence : voilà pourquoi je parle à la fille de 16 ans comme je pourrais parler à une fille de 25 ans. Mademoiselle, une simple adoption ne serait digne ni de vous, ni de moi, et troublerait peut-être un jour votre tranquillité, en devenant une source de procès et un texte intarrissable à la malignité publique ; le mariage concilie tout, et en vous assurant ma fortune, en fondant votre félicité future sur de solides bases, je rends un dernier hommage aux amis que je pleure, à vos parents qui ne sont plus.

La jeune fille ne baissa point les yeux, ne rougit point, car son angélique raison ne considérait le mariage que comme un pacte religieux; mais elle pleura, et ces pleurs qui inondaient ses joues , l'embellirent encore.

— Vous voulez donc être mon bienfaiteur ? s'écria-t-elle.

— Je veux être votre père et votre ami, mademoiselle, repartit le vieillard.

Puis une idée, une idée noble et honnête traversa le cœur de la jeune fille :

— Monsieur, dit-elle, à M. J..., si vous avez des héritiers, je leur ferais tort ; oh ! je repousse vos bienfaits s'ils peuvent être préjudiciables à quelqu'un !

Une larme roula dans les yeux de l'avocat en entendant cette pauvre fille livrée à toutes les privations, elle, dont l'enfance avait été si magnifique et si dorée, s'effrayer à la seule pensée de nuire à l'opulence d'autrui.

— Ne craignez rien, mademoiselle, répondit M. J..., je n'ai que des collatéraux fort éloignés, cent mille francs suffiront pour les rendre heureux, et votre conscience demeurera en repos.

On fut tout étonné, quelques jours après la réouverture des églises, sous le Directoire, de voir le vieil avocat quitter le modeste appartement qu'il habitait depuis plus de 30 ans, rue Hautefeuille, pour aller occuper rue Saint-Louis, au Marais, un superbe hôtel qu'il avait acheté et qu'il avait fait meubler avec un grand luxe.

L'étonnement augmenta prodigieusement lorsqu'on apprit enfin que le Nestor de l'ancien barreau allait se marier avec une jeune fille de seize ans, dernière descendante de la noble maison de Saint-Haigle. Les plaisanteries, les quolibets jaillirent de toutes parts, au palais surtout, mais M. J... eut le bon esprit d'en rire le premier.

J'assistai à ses noces qui se célébrèrent avec une sorte

de magnificence et qui rassemblèrent, pour la première fois peut-être, des hommes que les tempêtes politiques avaient séparés depuis longtemps. MM. Target, Tronchet, Barbet-Marbois, Muraire, Cambacérès, s'y trouvaient, et je distinguai parmi les hommes de lettres, les savants et les artistes, MM. Ducis, Volney, l'astronome Lalande, le statuaire Chaudet et le compositeur Méhul.

Le soir arrivé, après un festin splendide où plus de cent convives avaient pris place, M. J... précédé et suivi de ses amis les plus intimes, conduisit solennellement sa jeune épouse vers l'appartement qui lui était destiné. Arrivé là, il s'arrêta, déposa un baiser respectueux sur le front de Julie de Saint-Haigle, détacha le chapeau virginal qui se balançait sur les ondes brunes de sa chevelure, et lui dit avec une grâce charmante :

— Ma chère épouse, voilà le seul trophée dont je m'empare. J'ai assuré votre bonheur ; l'amitié a gagné son procès, je m'en tiens là : il ne faut pas que la vieillesse perde le sien.

(*Droit*).

Derniers moments de M. de Lescure.

..... J'étais couchée sur un matelas, près du lit de M. de Lescure : je le croyais assoupi ; tout le monde était sorti de la chambre ; il m'appela, et me dit avec sa douceur accoutumée, qu'il reprit alors et qui ne le quitta plus : « Ma chère amie, ouvre les rideaux. » Je me levai, je les ouvris.

— Le jour est-il clair ? continua-t-il.

— Oui, répondis-je.

— J'ai donc comme un voile devant les yeux ; je ne vois plus distinctement. J'ai toujours cru que ma blessure était mortelle : je n'en doute plus. Chère amie, je vais te quitter : c'est mon seul regret, et aussi de n'avoir pu remettre mon roi sur le trône. Je te laisse au milieu d'une guerre civile, grosse et avec un enfant ; voilà ce qui m'afflige : tâche de te sauver, déguise-toi, cherche à passer en Angleterre.

Quand il me vit étouffant de larmes :

— Oui, continua-t-il, ta douleur seule me fait regretter la vie ; pour moi, je meurs tranquille. Assurément j'ai péché, mais cependant je n'ai rien fait qui puisse me donner des remords et troubler ma conscience : j'ai toujours servi Dieu avec piété ; j'ai combattu et je meurs pour lui ; j'espère en sa miséricorde. J'ai vu souvent la mort de près, et je ne la crains pas ; je vais au ciel avec confiance. Je ne regrette que toi : j'espérais faire ton bonheur. Si jamais je t'ai donné quelque sujet de plainte, pardonne-moi.

Son visage était serein ; il semblait qu'il fut déjà dans le ciel ; seulement, quand il me répétait : Je ne regrette que toi, ses yeux se remplissaient de larmes ; il me disait encore : Console-toi, en songeant que je serai au ciel : Dieu m'inspire cette confiance. C'est sur toi que je pleure. Enfin ne pouvant soutenir tant de douleur, je passai dans un cabinet voisin. M. Durivault revint; M. de Lescure lui dit d'aller me chercher et de me ramener. Il me trouva à genoux, suffoquée par les larmes; il chercha a me rendre quelque courage, et me reconduisit dans la chambre.

M. de Lescure continua de me parler avec tendresse et piété; et voyant ce que je souffrais, il ajouta avec complaisance que peut-être il se trompait sur son état, et qu'il fallait faire une assemblée de médecins. Je les fis venir tout de suite. Il leur dit :

— Messieurs, je ne crains pas la mort; dites-moi la vérité; j'ai quelques préparatifs à faire.

Il voulait, je pense, recevoir les sacrements, et renouveler un testament qu'il avait fait en ma faveur; mais je repoussai avec horreur tout ce qui pouvait annoncer une mort prochaine. Les médecins donnèrent quelque espoir il leur répondit tranquillement :

— Je crois que vous vous trompez; mais ayez soin de m'avertir quand le moment approchera.

On quitta Laval le 2 novembre...... En route, M. de Lescure apprit une nouvelle que je lui avais cachée avec soin, et qui lui fit bien du mal. La voiture était arrêtée, quelqu'un vint lui lire, dans une gazette, les détails de la mort de la reine; il s'écria :

— Ah! les monstres l'ont donc tuée! je me battais pour la délivrer! Si je vis, ce sera pour la venger : plus de grâce!...

Cette idée ne le quitta plus ; il parla sans cesse de ce crime.

...... J'étais accablée de fatigue; je me jetai sur un matelas auprès de M. de Lescure, et je m'endormis profondément. Pendant mon sommeil, on s'aperçut tout à coup que le malade perdait ses forces, et qu'il devenait agonisant : on lui mit les vésicatoires. Il demanda le même confesseur qu'il avait eu à Varades; mais, un instant après, il perdit la parole et ne put lui parler : il reçut l'absolution et l'Extrême-Onction. On n'avait pas fait de bruit pour ne pas me réveiller. A une heure du matin, le sommeil me quitta, et je vis l'état affreux où était tombé M. de Lescure. Il avait encore sa connaissance, sans pouvoir parler ; il me regardait et levait les yeux au ciel en pleurant; il me serra même la main plusieurs fois. Je passai douze heures dans un état de désespoir et d'égarement impossible à dépeindre. On ne conçoit pas qu'on ait pu supporter tant de douleur.

Vers midi, il fallut quitter Ernée et continuer le voyage : cela me parut impossible. Je voulus qu'on nous laissât, au risque de tomber entre les mains des bleus. Le chevalier de Beauvilliers demandait à rester avec nous. On me représenta que m'exposer à une mort affreuse c'était désobéir à M. de Lescure; on me dit que son corps tomberait au pouvoir des républicains. Je m'étais déjà frappée de cette idée : les indignités auxquelles avait été livré le corps de M. de Bonchamp m'avaient fait une profonde impression d'horreur, et je ne pouvais soutenir l'image d'une pareille profanation ; on me décida à quitter Ernée. Quelle guerre affreuse ! quels ennemis nous avions ! On était obligé de dérober à leur fureur un mourant qui les avait si généreusement combattus, et qui, tant de fois, les avait épargnés ! Ainsi, je fus condamnée à voir ses derniers moments troublés et hâtés par l'agitation de ce funeste voyage. Je me mis d'abord dans la voiture, sur un matelas, auprès de M. de Lescure : il souffrait et gémissait. Tous nos amis me représentèrent que le chirurgien était plus utile que moi, et que je l'empêchais de donner les secours nécessaires, on me fit sortir de la voiture; il prit ma place ; on me remit à cheval.... Je ne voyais rien; j'étais anéantie ; je ne distinguais ni les objets ni même ce que j'éprouvais intérieurement : tout était enveloppé dans un nuage sombre, dans un vague affreux.

..... Au bout d'une heure environ, j'entendis quelque bruit dans la voiture et des sanglots : je voulus m'y élancer. On me dit que M. de Lescure était dans le même état; que le froid l'incommoderait si l'on ouvrait la portière : on m'éloigna. Je me doutai de mon malheur, mais je n'osai insister; je craignais la réponse qu'on me ferait; je repoussais et n'osais envisager le triste soupçon qui avait traversé mon âme; j'étais sans nulle force ; je m'abandonnai à ce qu'on voulut faire de moi.

M. de Lescure venait en effet de mourir et l'armée vendéenne perdait en lui un de ses plus nobles chefs.

(*Mém. de mad. la marq. de la Rochejacquelein*).

César, ou le chien fidèle.

Afin que le lecteur n'aille point se fourvoyer, nous disons tous de suite que notre héros, à part son trépas malheureux, n'a rien de commun avec le vainqueur de Pharsale. Le César dont nous allons chanter la fin précoce, était, en son vivant, une honnête créature, dépourvue d'ambition, et qui n'eût certes pas pleuré de jalousie en voyant la statue d'Alexandre de Macédoine. Il menait une existence pure et tranquille, accomplissant soigneusement les modestes devoirs qui lui étaient confiés, et pratiquant, dans le silence, toutes les vertus compatibles avec sa position sociale.

De père en fils, les ancêtres de César avaient fidèlement servi la noble maison de Bazouge-Kerhoat, dont les aînés tenaient état de prince, et passaient, avec Rieux et Rohan, pour les plus hauts seigneurs de la province de Bretagne. César faisait comme ses aïeux : il était aimant, dévoué, fidèle.

Il eut été réellement fort difficile de trouver un plus beau chien que César; car César était un chien. Sans cette circonstance, nous prenons sur nous d'affirmer que ses éminentes qualités l'aurait fait connaitre dès longtemps au monde, et qu'il n'aurait point eu besoin de nous pour écrire tardivement sa biographie. Son portrait en pied, qui orne le salon à manger du château de Kerhoat, atteste qu'il était de haute stature, portait fièrement sa tête carrée, et ramassait comme il faut son torse robuste pour résister prudemment ou bondir à l'attaque avec une héroïque intrépidité. Son poil était blanc, tigré de marques châtain foncé. Bien que son museau fût court comme celui d'un dogue, il avait de belles et longues oreilles ; les soies de ses reins, molles et légèrement bouclées, donnaient une apparence de richesse à sa fourrure. En somme, il y avait en lui du chien-loup, du dogue et de l'épagneul. Nous ne sommes point assez spécialement versés dans la physiologie canine, pour dire au juste de quel croisement de races ce noble et fort animal pouvait être le produit.

En l'automne de l'année 1793, César avait trois ans. Son cou tigré ne portait point le lourd collier de cuir, hérissé de pointes de fer. Un simple anneau de cuivre, luisant comme de l'or fin, et poinçonné aux armes de Bazouge, se cachait à-demi sous ses longs poils soyeux. A cet anneau pendait une petite plaque où se voyait un chiffre délicatement gravé et formé des initiales H. B. Cette plaque indiquait que César appartenait à mademoiselle Henriette de Bazouge.

A cette époque, le beau château de Kerhoat n'avait plus cet aspect de vie et de bien-être, qui réjouissait naguère ses hôtes, au bon temps où M. de Bazouge tenait table ouverte tant que durait la session des États de Bretagne. Situé à trois heures de Rennes, sur la lisière de la forêt du même nom, le riche manoir servait alors de maison de plaisance à messieurs de la noblesse. C'était fête perpétuelle. Les remises, si vastes qu'elles fussent, ne pouvaient suffire à la foule de carrosses. Il fallait être duc ou ami du châtelain pour avoir place en l'écurie pour son attelage. Le soir, les vastes salons s'illuminaient ; les mille cristaux des girandoles envoyaient des faisceaux d'éblouissants rayons aux sculptures des lambris, à la sombre dorure des portraits de famille, aux émaux savamment éprouvés des écussons. Puis venait le splendide souper, égayé par les récits de quelque petit chevalier qui avait été jusqu'à Paris, où se passaient de fort singulières choses. Les dames s'étonnaient et ne voulaient point croire qu'il y eut au monde une femme aussi belle que la reine, et un homme aussi laid que Mirabeau. Après le souper, le bal, le bal anti-révolutionnaire, avec sa danse grave, digne, gracieuse, galante ; danse où pouvaient figurer les princesses, danse naïve, mais hautaine, et qui rappelait, par son royal caractère, les nobles mœurs des jours chevaleresques.

Mais les lustres étaient éteints maintenant. Il n'y avait plus dans les longues galeries ni cavaliers empressés, balayant le sol du blanc panache de leur feutre, ni belles dames, ni velours, ni diamants, ni fleurs. Les bruits de fête se taisaient ; les splendeurs s'étaient voilées, et si quelque clarté venait, durant les nuits silencieuses, effleurer dans leurs cadres brunis les sévères visages des seigneurs de Kerhoat, c'était un pâle rayon de lune qui glissait, fugitif et triste, entre les franges poudreuses des épais rideaux des fenêtres. C'était toujours le même château, dressant superbement ses quatre hautes tours qui gardaient, comme autant de vigilantes sentinelles, les symétriques constructions du corps de logis. Il y avait toujours, d'un côté de la cour, les immenses écuries ; de l'autre, les communs où se fût logé à l'aise un peuple de valets. Mais les communs étaient déserts, et deux chevaux grelottaient seuls dans la vaste solitude de l'écurie. — Un mauvais ange avait plané au-dessus de Kerhoat, secouant son aile sur ses joies, et mettant à néant du même coup sa splendeur et sa puissance.

Depuis deux ans, le chef actuel de la maison de Bazouge, vieillard octogénaire, avait perdu ses quatre fils aînés : deux à l'armée de Condé, deux sur l'échafaud. Le cinquième combattait en Vendée. M. de Bazouge habitait seul son château de Kerhoat avec Henriette, sa petite-fille. Jusqu'alors, son grand âge et la vénération de ses anciens vassaux avaient suffi à le protéger. Les paysans de Noyal-sur-Vilaine et les sabotiers de la forêt se découvraient encore sur son passage, lorsque, à de rares intervalles, il parcourait, appuyé sur le bras d'Henriette, les campagnes qui avaient été son domaine. Quelques-uns même lui disaient bien bas : — Dieu vous bénisse, notre monsieur ! Les femmes, toujours plus courageuses, ne se cachaient point pour saluer Henriette d'un air cordial : — Bien le bonjour, notre demoiselle ! Mais là s'arrêtaient les marques de respect ou de sympathie.... On n'était qu'à trois lieues de Rennes, cité de 25,000 âmes, qui jouissait de cinq guillotines, et il n'était besoin que d'un pareil voisinage pour enseigner la prudence aux plus étourdis.

M. de Bazouge s'était défait de sa meute comme de ses chevaux et de ses valets. Il n'y avait plus au château, outre le jardinier, qu'un brave serviteur nommé Lapierre, deux chevaux de selle, et César, qu'on avait conservé à l'instante prière d'Henriette.

Celle-ci était une jolie enfant de 13 ans, dont le doux visage empruntait aux malheurs, qui avaient accablé sa race, une expression de mélancolie. Elle environnait son aïeul de soins attentifs et respectueux. Le matin, quand M. de Bazouge s'éveillait, la première figure qu'il voyait était celle d'Henriette. Elle lui faisait sa lecture pour le distraire, et quand de bien tristes pensées amenaient un nuage plus sombre au front du vieillard, Henriette se mettait à genoux devant lui et chantait. M. de Bazouge écoutait; l'amertume de son cœur se dissipait peu à peu au son de cette pieuse voix, comme la gelée matinale se fond à la tiède chaleur du soleil des premiers jours de printemps. Il posait ses deux mains sur le front d'Henriette, et lissait d'un geste distrait les brillants bandeaux de ses cheveux blonds.

Puis, le pauvre vieillard se prenait à sourire, et son regard, levé vers le ciel, remerciait Dieu pour cette suprême consolation accordée au soir de sa vie.

D'autres fois, l'aïeul et sa petite-fille se mettaient à genoux, côte-à-côte, sur un beau prie-Dieu d'ébène. L'aïeul priait pour ses quatre fils, martyrs de la plus sainte des causes, et pour le cinquième, qui attendait le même martyre. L'enfant priait pour son père. Et quand cet homme, qui avait donné sa famille entière à Dieu et au roi, avait fini de louer Dieu, il criait : Vive le roi ! et la faible voix de la jeune fille, répétait ce cri loyal, héroïque mot d'ordre que murmurait peut-être à ce moment la bouche mourante du dernier Bazouge, sur quelque champ de bataille vendéen.

Pendant cela, César était couché dans un coin du salon; ses yeux gris, à reflets de feu, se fixaient amoureusement sur sa jeune maîtresse. Quand le regard d'Henriette tombait sur lui par hasard, il se levait à-demi, tendait ses deux pattes de devant et humait joyeusement l'air. Il ne la perdait jamais de vue tant que durait le jour ; la nuit, il se cachait en travers de sa porte, comme faisaient les gentilshommes de la chambre des anciens rois de Portugal.

Dès qu'Henriette mettait le pied dehors, César tournait en bondissant autour d'elle. Il courait follement le long des grandes allées du jardin, enjambait les plates-bandes, et revenait mettre son museau dans le sable aux pieds de sa maîtresse. César aimait bien M. de Bazouge, mais nous ne trouvons pas de mot qui puisse peindre convenablement son attachement pour Henriette. Sur un geste d'elle, il eut abandonné un os à moitié rongé ; il aurait peut-être, sur son ordre, signé un traité de paix avec certain matou retranché dans les combles du château, et contre lequel il entretenait une vendetta héréditaire.

Il y avait au bout de l'ancien parc de Kerhoat un petit ermitage où, par hasard, une croix était restée debout. Henriette dirigeait volontiers sa promenade vers ce but, tandis que son aïeul faisait la sieste ou lisait ; l'office le plus important de César était d'escorter la jeune fille dans ces excursions. Dès qu'il la voyait tourner la clé du jardin pour entrer dans le parc, sa contenance changeait. Il modérait subitement son allure, et prenait un maintien fort grave, comme s'il eut senti l'importance de la responsabilité qui pesait sur lui. En vérité, sa protection en valait, pour le moins, une autre : il avait le jarret ferme, l'œil perçant, et des dents à mettre en déroute le plus fort des loups. Malheureusement les animaux féroces qui infestaient alors la France étaient beaucoup plus nombreux et plus méchants que les loups.

Un jour Lapierre, l'unique serviteur du château, revint de Noyal, l'effroi peint sur le visage. On disait que les autorités de Rennes étaient lasses de laisser si près d'elles, en paix et en vie, un vieux ci-devant qui avait eu plus de titres lui seul que la moitié des États ensemble. En conséquence, la gendarmerie, escortée par un délégué du district, devait faire bientôt une descente au château de Kerhoat. M. de Bazouge reçut cette nouvelle en vieux soldat et en chrétien ; mais, en regardant Henriette, son œil se remplit subitement de larmes. Elle était si jeune, si belle et si bonne ! Au jour de sa naissance, un si riant avenir s'ouvrait devant elle ! Autour de son berceau, la famille avait rêvé sans doute quelque brillante et noble alliance. Hélas ! il n'y avait plus de famille.

— Que la volonté de Dieu soit faite ! dit M. de Bazouge en essuyant furtivement sa joue ; et vive le roi !

— Vive le roi ! répéta Henriette.

— Vive le roi ! prononça lentement une troisième voix forte et grave.

César sauta joyeusement vers le nouvel arrivant. C'était une homme de grande taille, dont la figure disparaissait sous les larges bords d'un feutre à cocarde blanche. Un vaste manteau drapé autour de sa taille cachait le reste de son costume. Il s'était arrêté sur le seuil.

— Qui êtes-vous ? demanda le vieillard.

Le nouveau venu fit une caresse à César comme pour le remercier de son bon accueil, jeta son manteau sur un siége et se découvrit.

— Mon père ! mon fils ! crièrent en même temps Henriette et M. de Bazouge.

Et l'étranger les pressa tour à tour sur son cœur en répétant :

— Mon père ! ma fille !

C'était le dernier héritier mâle des Bazouge de Kerhoat, Henri, vicomte de Plénars. Il arrivait des environs de Baupréau, où il avait laissé la division qu'il commandait dans l'armée catholique et royale. Ses bottes étaient blanches de poussière et ses éperons sanglants. Quand sa première joie fut calmée, le vieillard devint silencieux. Pendant que le vicomte embrassait sa fille avec passion et semblait ne point pouvoir se rassasier de sa vue, M. de Bazouge réfléchissait.

— Henri, dit-il enfin, que dois-je penser de ce retour?

La guerre est-elle finie? N'y a-t-il plus en France un coin de terre où se puisse planter notre drapeau?

Le vicomte fit trève à ses caresses et montra sa cocarde blanche.

— Monsieur, répondit-il en secouant la poussière de ses bottes de voyage, mes frères sont morts comme il appartient à vos fils de mourir. Quand le drapeau blanc tombera, vous ne verrez point de sang à mes éperons, mais à mon épée. Je tiens à honneur d'imiter mes frères... Ne craignez rien. Vous n'aurez point la honte d'entendre dire jamais que la guerre est finie tant que battra le cœur du dernier de vos fils.

M. de Bazouge prit la main de son fils et la serra fortement.

— Ah! si je pouvais!... murmura-t-il avec angoisse.

— Il y aurait un héroïque soldat de plus dans l'armée de Sa Majesté, interrompit le vicomte; mais la pauvre Henriette serait seule au monde... Quelle est belle, monsieur, et comme elle ressemble à sa mère!

Ce souvenir amena une larme dans les yeux de mademoiselle de Bazouge, et mit un nuage de rêveuse tristesse sur le front hautain du vicomte; mais, secouant bientôt cette préoccupation, il prit à part son père et lui expliqua les motifs de son voyage. Les mesures de rigueur sévissaient de plus en plus par toute la France. Il avait profité d'un moment de répit et s'était mis en route le lendemain d'une victoire, pour déterminer son père à fuir en Angleterre.

— Je vous le demande, non point pour vous, monsieur, ajouta-t-il, mais pour cette pauvre enfant qui est notre seule joie et notre seul espoir... Refuserez-vous de lui sauver la vie?

M. de Bazouge rejeta d'abord bien loin toute idée de fuite. Trop vieux pour combattre, il voulait du moins braver le danger dans le manoir de ses pères, mais le vicomte fut éloquent. La vue d'Henriette fit le reste.

— Viens, ma fille, viens, dit le vieillard attendri; je tournerai le dos une fois en ma vie, mais tu vivras et Dieu te donnera des jours meilleurs.

Toutes les mesures du vicomte étaient prises à l'avance. Il avait envoyé des gens sûrs à Granville pour préparer les moyens de passage, et sa suite, composée de six braves serviteurs, l'attendait sur la lisière de la forêt, prête à servir d'escorte aux fugitifs. Il fut résolu qu'on quitterait le château à la nuit; et le vicomte, pour ne point éveiller les soupçons, rejoignit sa petite troupe qui se tenait cachée dans la maison abandonnée d'un garde. Lapierre fut chargé de mettre en état l'une des voitures qui gisaient, inutiles depuis longtemps, sous la remise, et de préparer les chevaux.

Si courageux qu'on soit, à l'âge d'Henriette, on n'envisage point la mort sans frémir. Quand elle sut le danger qui l'avait menacée et le salut qu'on lui apportait, elle se sentit joyeuse. Ce ne fut point pourtant sans une secrète douleur qu'elle se vit sur le point de dire adieu au vieux manoir où s'était passée son enfance. Elle allait, çà et là, par tout le château, suivie de César, qui semblait comprendre ses regrets et sa joie, elle allait donnant un triste regard à quelque chose, et contemplant, pour la dernière fois peut-être, ces vastes salles où les dorures scintillaient encore sous leur poudreux linceul, ces longues et hautes galeries aux pavés de marbre, ces larges escaliers qu'embaumaient autrefois une longue rangée de caissons de fleurs. Puis elle descendait au jardin et cueillait un bouquet, afin de garder bien longtemps sur la terre d'exil des roses de Kerhoat, en souvenir de la patrie. A cette heure de la séparation, tout prenait autour d'elle un aspect aimable. Le vieux château lui apparaissait plus vénérable et plus fier; les parterres dessinaient plus coquettement leurs symétriques arabesques; les massifs de grands chênes secouaient plus doucement leurs feuillages inclinés; les rosiers effeuillaient leurs fleurs, afin d'envoyer de plus pénétrants parfums. Rien, en ce monde, n'est plus séduisant que le bien qu'on va perdre, si ce n'est, peut-être, le bien qu'on a perdu.

Henriette voulut s'agenouiller encore une fois dans l'ermitage où la conduisait naguère sa promenade quotidienne. Elle traversa le parc, sous l'escorte de César, et vint s'arrêter au pied de la croix. Cette croix était située sur une sorte de tertre, et dominait la campagne. Après avoir prié, Henriette s'assit et donna son esprit à la rêverie. César, couché à ses genoux, avait pelotonné son corps; ses yeux se fermaient nonchalamment pour éviter un rayon de soleil couchant, qui, passant à travers les feuilles, se jouait dans les cils rougeâtres de sa paupière. Il semblait sommeiller à-demi.

Tout à coup il se leva et poussa un sourd aboiement. La tête haute, le jarret tendu, il braquait son œil grand ouvert dans la direction de Noyal. Henriette suivit ce regard et devint pâle. Sur la route de Noyal, quatre cavaliers s'avançaient. Henriette avait reconnu l'uniforme redouté des gendarmes de la République.

Elle se dressa sur ses jambes tremblantes, et prit à toute course le chemin du château. César s'arrêta un instant sur le tertre pour lancer un aboiement menaçant, auquel répondit la voix lointaine d'un fort limier qui suivait les gendarmes, tenu en laisse par l'un d'entre eux.

A Kerhoat, comme dans presque tous les anciens châteaux, il y avait de sûres et impénétrables cachettes. Henriette devança les gendarmes d'un quart d'heure, ce qui lui donna le temps de vaincre les scrupules de son aïeul. Le vieillard consentit enfin à se mettre à couvert dans une chambre secrète, après avoir toutefois ceint son épée de bataille et passé à son cou le cordon des ordres du roi, pour le cas où l'on viendrait à découvrir sa retraite. Ces fiers débris de la gloire française n'aimaient point à mourir en négligé.

César se coucha en travers de la porte de la cachette.

Quelques minutes après, trois gendarmes et un délégué du district de Rennes, se présentèrent à la porte du château. Lapierre, qui n'était point averti, ouvrit, et fut immédiatement fait prisonnier.

— Où est ton maître? demanda le délégué.

— A Guernesey, répondit sans hésiter le fidèle serviteur.

Les trois gendarmes et leur acolyte firent quatre fortes laides grimaces ; mais ils aperçurent la voiture de voyage dans un coin de la cour.

— Misérable traître! dit le délégué. Tu as menti à la République... Pied à terre, citoyens! attachez-moi ce drôle, et commençons la visite du repaire.

On attacha Lapierre à un anneau de fer, devant

l'écurie. Cela fait, le délégué ôta la laisse de son limier.

— Pille, Rustaud, pille! dit-il.

Le limier, dressé dès longtemps à la chasse humaine, se précipita dans le grand escalier, remplissant le château de ses aboiements. Les gendarmes et leur chef le suivirent.

Pendant ce temps, Lapierre faisait de son mieux pour rompre ses liens, mais les gendarmes l'avaient garrotté en conscience, et le pauvre garçon avançait bien lentement dans sa besogne.

— Si j'étais libre! se disait-il, j'irais chercher M. le vicomte, et, dans un quart d'heure, ces sans-culottes verraient beau jeu.

Mais il n'était pas libre.

Les gendarmes avaient bientôt perdu de vue le limier qui s'était lancé en haletant dans les interminables corridors du premier étage. Ils le suivaient seulement, guidés par sa voix, et le délégué l'excitait de loin avec des termes de vénerie, hideusement appropriés à cette abominable chasse.

— Il rencontre, disait-il, il tient la piste. Le vieux blaireau ne peut nous échapper.

La cachette était située à la hauteur du deuxième étage, et pratiquée dans l'épaisseur de la muraille de l'ancien beffroi. Elle s'ouvrait sur une chambre inhabitée. César était toujours à son poste, couché en travers de la porte. Quand le limier, guidé par son flair exercé, entra dans la chambre, César se dressa silencieusement sur ses quatre pattes. Une seconde après, les deux chiens étaient en présence.

C'étaient deux robustes animaux, pleins d'ardeur, de force et de souplesse. Le limier montra sa double rangée de dents blanches et pointues. César ne bougea point.

— Tayaut, Rustaud ! hardi, mon brave ! cria de loin le républicain.

Le limier bondit en avant. César l'évita et le prit à la gorge. Le limier se débattit convulsivement durant une seconde, puis il poussa un rauque hurlement, puis encore, il se raidit et demeura immobile.

César alors lâcha prise et se recoucha paisiblement à son poste. Le limier était mort.

— Où diable est passé Rustaud ? disait le délégué dans le corridor, on ne l'entend plus... Hardi, mon bellot, hardi !

Rustaud n'avait garde de répondre. Le délégué s'impatienta. Pour comble de malheur, par une fenêtre de la galerie, il aperçut Lapierre qui, ayant réussi enfin à détacher ses liens, enfourchait le cheval de l'un des gendarmes et s'enfuyait au grand galop.

— Ça se gâte, grommela-t-il.

Désormais les *chasseurs* marchaient à l'aveugle ; mais conduits par Rustaud jusqu'à la galerie du second étage, ils ne pouvaient tarder longtemps à découvrir la fameuse chambre. C'est ce qui arriva en effet. Au bout de dix minutes, le délégué se trouva en face du cadavre du limier. Un peu plus loin, dans l'ombre d'une encoignure, il distingua les yeux flamboyants de César.

— Nous y voilà, camarades ! dit-il en se retirant prudemment derrière les gendarmes. Ce chien monstrueux a assassiné Rustaud, aux mânes duquel je rends la justice de dire qu'il est mort en servant la patrie... Sondez ce mur. Le trou du blaireau n'est pas loin.

Les gendarmes s'avancèrent. César, le corps ramassé, les poils hérissés, aspirait bruyamment l'air. Son ventre touchait le sol. Ses yeux lançaient du feu. Le premier gendarme qui voulut sonder le mur fut terrassé comme un enfant, puis César reprit son poste.

— Tirez, cria le délégué; immolez ce monstre, défenseurs de la patrie !

Les gendarmes mirent en joue, mais, à ce moment, la porte de la cachette s'ouvrit roula ses gonds, et M. de Bazouge se montra sur le seuil. Il avait tout entendu, et, voyant sa perte désormais certaine, il voulait faire tête au danger. En ce moment suprême, sa haute taille s'était fièrement redressée. Son hautain visage, autour duquel voltigeaient quelques mèches de cheveux blancs, brillait d'une résignation sublime. Il portait l'habit militaire, et ce fut l'épée à la main qu'il se présenta devant ses ennemis.

Les gendarmes se sentirent intimidés, mais le délégué reprit courage.

— Salut, citoyen ! dit-il; on a besoin de toi là-bas au

tribunal... Tu es bien le citoyen Bazouge, n'est-ce pas?

— Je suis, répondit le vieillard d'un ton grave, Yves de Bazouge-Kerboat, marquis de Boüex, comte de Noyal et de Landevey, seigneur de Pléchastel, Kernez et autres lieux, chevalier des ordres du roi, lieutenant-général et...

— Assez, citoyen, assez! Il y en a dix fois de trop pour te faire pendre! s'écria le délégué en éclatant de rire. — Allons! donne-nous ta vieille rapière, citoyen marquis.

— Venez la prendre, répondit M. de Bazouge, qui se mit résolûment en garde.

Le républicain alléché par cette facile victoire, dégaîna et porta une botte au vieillard qui para faiblement. Henriette plus morte que vive, s'élança au-devant de lui pour détourner le second coup, mais César se jeta au-devant d'Henriette; ce fut lui qui reçut l'épée en plein poitrail.

— Pitié! s'écria la jeune fille en tombant à genoux.

Le délégué répondit par un impitoyable ricanement, et releva son épée sanglante.

— Vive le roi! dit M. de Bazouge en se remettant en garde.

— Vive le roi! répéta cette même voix grave et forte que nous avons entendu une fois déjà.

L'épée du républicain, qui s'appuyait déjà sur le cœur du vieillard, retomba. Il se retourna plein d'épouvante. Le vicomte de Plénars, Lapierre et six hommes armés jusqu'aux dents venaient de faire irruption dans la chambre. En un tour de main, les défenseurs de la patrie furent réduits à l'impuissance et jetés dans un coin.

Henriette, riant et pleurant, embrassait son père, baisait les mains de son aïeul et remerciait Dieu.

— En route, maintenant, dit le vicomte.

La voiture de voyage fut attelée à la barbe des républicains. M. de Bazouge monta le premier. Quand ce fut au tour d'Henriette, elle se sentit retenu par sa robe, et vit à ses pieds César, dont l'œil l'avait suivie jusque-là. Depuis le perron, une large traînée de sang marquait la trace de son passage.

Henriette se sentit émue jusqu'au fond du cœur. Elle se baissa et mit sa jolie bouche sur le front sanglant du fidèle animal. César remua joyeusement la queue et fit entendre un grognement de bien-être.

— Il faut le panser, il faut l'emmener! dit Henriette.

César lui lécha les mains, puis il s'étendit tout de son long et mourut.

M. de Bazouge et sa fille gagnèrent heureusement les côtes d'Angleterre. Henriette revint seule en France, après les mauvais jours de la révolution. Elle se souvint de César, et l'image de ce noble animal se voit encore sur l'un des panneaux de la salle à manger de Kerhoat. Quand un visiteur s'en étonne, le vieux Lapierre s'empresse de saisir l'occasion, et raconte comment César vainquit en combat singulier un limier de la Convention, et fut assassiné par un républicain, à l'instar de son homonyme impérial. M. P. F.

(*Quotidienne*).

Anecdotes diverses.

A la maison d'arrêt du Plessis, la cour où les hommes pouvaient respirer un peu d'air, était séparée par un mur de la partie occupée par les femmes, et un égoût était entre eux la seule communication possible. C'est là que se rendait chaque matin le fils de madame Kolly. Ce pieux enfant, qui allait entrer dans l'adolescence et qui pourtant connaissait déjà toutes les misères de la vie, s'agenouillait devant cet égoût, et, plaçant sa bouche près du trou, échangeait avec sa mère quelques paroles de tendresse. Là, son plus jeune frère, âgé de trois ans, et resté près de sa mère, vint un jour lui dire : « Maman a moins pleuré cette nuit ; elle a un peu reposé et te souhaite le bonjour ; c'est Lolo qui t'aime bien, qui te dit cela. » Enfin, ce fut par cet égoût que la malheureuse mère allant à la mort, remit à l'aîné de ses enfants sa longue chevelure, comme le seul héritage qu'elle put lui laisser.

Un jour, à la prison de la Bourbe, un guichetier entra dans la chambre qu'habitait, avec sa femme, le marquis de Lavalette, ancien officier aux gardes. Ce prisonnier jouait au ballon dans le jardin. Comme la fenêtre de la chambre donnait sur le jardin, le guichetier aperçut tout de suite le marquis.

— Appelle ton mari, dit-il à la marquise.

— Mon mari ! et pourquoi, je vous en conjure !

— Voilà bien des grimaces; c'est pour aller au tribunal révolutionnaire où on l'attend.

A ces mots, madame de Lavallette tomba sans mouvement sur le carreau. Appelé par le guichetier, Lavalette n'a pas le courage de s'éloigner sans avoir secouru, embrassé la marquise qu'il rappela à la vie. Alors cette infortunée jette ses bras autour du cou de son mari, et l'étreignant fortement, elle s'écria : « —Avec lui ! avec lui !.. » On les sépare de force, et la malheureuse femme perd la raison pour ne plus la recouvrer.

Balézaire, ancien capitaine, détenu au Luxembourg, était doué d'un naturel singulièrement jovial, et il s'efforçait d'égayer ses compagnons d'infortune. Un soir, il se couche après leur avoir raconté les anecdotes les plus désopilantes. Le lendemain matin, à leur grand étonnement, les autres prisonniers virent descendre dans la cour Balézaire, qui avait mis sur sa tête sa culotte grise, en guise de bonnet de nuit, et qui faisait des efforts incroyables pour passer sa jambe droite dans un bonnet de coton; le malheureux était devenu fou !

La conversation, la gaieté, quand on s'y livrait, étaient de courte durée dans ces lugubres maisons. Parfois cependant en causant avec ses compagnons de captivité, en s'exhaltant réciproquement, on parvenait à s'étourdir ; mais tout à coup arrivaient les huissiers, les gendarmes et les fourgons. La voix du guichetier, à qui avait été remise la liste des victimes demandées par le tribunal, retentissait sous les voûtes, dans les corridors on n'entendait que ces mots sinistres : *On vous appelle! descendez.* Et chacun immobile, oppressé, la pâleur sur le front, attendait que la liste fatale fut épuisée pour respirer. Il arrivait que 120 détenus étaient demandés à la fois au Plessis et au Luxembourg. Rangés dans la cour, on les comptait avant de les faire entrer dans les fourgons. Quel tableau ! des mères, des époux embrassant pour la dernière fois ce qu'ils avaient de plus cher. Des cris déchirants se mêlaient à des paroles de consolation. On entendait de toutes parts ces exclamations : « Adieu !... nous nous reverrons là-haut !... vous qui restez, vous êtes plus à plaindre que nous !... »

Quelques-uns de ces malheureux, avec un crayon, traçaient sur leurs genoux un dernier adieu à leurs amis, à leurs enfants, Des femmes agenouillées devant les gendarmes, devant les geôliers, leur disaient : — Au nom de la pitié, remettez cette lettre. Remettez ces cheveux... ce portrait... promettez-le moi !... jurez-le moi !...

Puis, quel silence ! quel deuil dans la prison quand ils

étaient partis, quand le bruit des charrettes qui les emmenaient avaient cessé de se faire entendre !... Le lendemain, un journal acheté en cachette et à un grand prix, apprenait qu'ils avaient vécu, et que ceux qui jusque-là avaient été épargnés, disaient en lisant cette feuille : « *A mon tour!* »

Les règlements des prisons accordaient aux détenus la faculté de passer, chaque jour, quelques heures dans les cours, et tous s'empressaient d'en profiter, à moins qu'ils ne fussent au secret. Pendant ces heures trop rapides, on oubliait la différence des opinions. On eut dit que les prisonniers ne formaient qu'une seule famille. C'était pour ainsi dire en prison que s'était réfugiée la véritable égalité. Le soldat s'y entretenait avec le prêtre, l'aristocrate avec le fédéraliste, le montagnard avec le girondin. Mais ces instants d'effusion étaient comptés, et l'heure de la retraite arrivait vite. Aussitôt que la cloche avait sonné la rentrée, les geôliers accouraient suivis d'énormes chiens qu'ils excitaient contre les retardataires, et ils chassaient ainsi devant eux ce troupeau de prisonniers, en les injuriant. Malheur à celui qui, absorbé par ses souvenirs, rêvant peut-être à la liberté, à sa famille, à ses amis, n'avait pas entendu les avertissements de la cloche ! malheur à celui dont l'âge ou les infirmités ralentissaient la marche ! ils devenaient l'objet des insultes et des viclences ; on les jetait au cachot d'où ils ne sortaient que lorsqu'il plaisait au geôlier.

Aux privations du jour succédaient les insomnies de la nuit. Lorsque couchés dans leur bière, ou étendus sur leur paille humide, les détenus commençaient à trouver dans le repos l'oubli de leurs misères, arrivait un messager du tribunal révolutionnaire, qui les appelait, et leur jetait, par le soupirail de leur cachot ce qu'il nommait le *Journal du soir ;* c'était leur acte d'accusation pour le lendemain, qu'ils appelaient eux, avec plus de vérité, leur *extrait mortuaire.* Quelques heures après, si, remis d'une première émotion, ils étaient parvenus à se rendormir, ils étaient réveillés eu sursaut par la voix de Stentor d'un guichetier qui criait : « Tous les prisonniers de... au tribunal !... point de paquets !... ils n'en ont pas besoin. »

D'autrefois enfin les administrateurs de la police venaient, à la lueur des torches, enlever 100, 150 victimes, pour les transférer liés et garrottées, dans un autre prison. Le plus souvent ce n'était là qu'un nouveau mode de vexations et de tortures ; on voulait effrayer les détenus et les livrer aux insultes de la populace que l'on ameutait contre eux.

Le matin, le premier soin des prisonniers était d'étendre leurs vêtements mouillés par l'humidité du lieu, de vider le baquet commun, de balayer leur cachot, de faire leur lit, quand, à force d'or, ils avaient pu se procurer un misérable grabat. Tel est pourtant l'heureux caractère des Français, qu'alors même les plaisanteries, les saillies venaient dérider tous les fronts; ainsi un jour l'acteur Champville, détenu aux Madelonnettes, s'écriait: « *Prenez garde, citoyens! voici la fortune du pot qui passe!* » Une autre fois M. de Boulainvilliers allait gravement, le chapeau sous le bras, la canne à la main, vider son vase de nuit!

Une calamité hebdomadaire pour les détenus, c'étaient les administrateurs de la police chargés de l'inspection des prisons. Ces hommes, sans instruction, choisis à cause de leur exaltation, et de leur haine contre les nobles et les riches, faisaient assaut avec les geôliers de brutalité et de persécutions. L'un d'eux nommé Marino, que Robespierre avait enlevé à sa boutique de menuisier, pour le faire président de la commission temporaire de Lyon, répandait la terreur au Luxembourg et aux Madelonnettes. Un jour d'inspection, un détenu s'étant approché de lui, et lui disant, pour obtenir sa liberté, qu'il n'avait été arrêté que comme suspecté d'incivisme :

— Suspecté d'incivisme! s'écria Marino; mais j'aimerais mieux être accusé d'avoir volé quatre chevaux, et même d'avoir assassiné!... Suspecté d'incivisme!... Tu resteras ici.

Un autre administrateur, Willchéritz, savetier de profession, n'était que rapace, il se contentait de voler les prisonniers, et à toutes les réclamations son éternelle réponse était : — *Patience! patience! la justice est juste, ce grand durement ne peut pas durer.*

Un troisième nommé Dupommier, disait :

— Je voudrais voir la guillotine permanente à la porte de chaque prison ; je me ferais un vrai plaisir de vous y attacher tous avec mon écharpe.

Un jour il entra dans la chambre d'un prisonnier qu'il trouva occupé à lire.

— Que fais-tu là? lui demanda-t-il.

— Vous le voyez bien.

— Ce n'est pas ainsi qu'il faut répondre. Que fais-tu là?

— Eh bien ! je lis.

— Quelle est cette lecture?

— Tenez, voyez.

Et en même temps il lui présente son volume. Mais Dupommier, qui ne savait pas lire, se mit en colère :

— Ton procédé est de la dernière insolence ! s'écria-t-il ; réponds-moi sur-le-champ, sinon...

— Puisqu'il faut vous le dire, c'est Montaigne.

— C'est un ouvrage de la Montagne ! bravo!..... Tu as eu tort d'être insolent; mais puisque tu aimes la Montagne, je te pardonne..... Un ouvrage de la

Montagne..... demain je te fais mettre en liberté.

Et l'administrateur tint sa promesse.

Mais tous ces fonctionnaires en guenilles étaient des agneaux en comparaison des membres du tribunal révolutionnaire ; les plus infâmes de ces derniers étaient le président Dumas, Coffinhal, l'un des juges, et l'accusateur public, Fouquier-Tinville.

Cruel par instinct et par calcul, Dumas était devenu la terreur des accusés. Ce n'était pas assez pour lui de les intimider par son air dur et son regard inquisiteur, de les enlacer dans ses questions captieuses et de les envoyer ensuite à la mort ; il fallait qu'il pût se repaître de leur douleur et la rendre plus amère encore par ses plaisanteries et ses sarcasmes de bourreau.

Coffinhal avait plus d'un trait de ressemblance avec Dumas. Comme lui, il se montrait dur et cruel envers les accusés, il leur tendait des piéges ; puis, après la sentence de mort, il les contemplait d'un regard où la joie se mêlait à l'ironie, et il se faisait un plaisir de les poursuivre de ses ignobles railleries. Coffinhal avait étudié la médecine ; mais il l'avait abandonnée pour le barreau, et la révolution le trouva homme de loi à Paris. De simple juge au tribunal révolutionnaire, il devint vice-président. Ce fut sa section qui condamna Lavoisier : lorsque ce savant, qui tenait peu à la vie, mais qui portait tant d'intérêt au progrès de la science, sollicita un sursis de quinze jours pour terminer un ouvrage qu'il croyait d'une haute importance pour la chimie, Coffinhal lui répondit brutalement :

— La République n'a besoin ni de savants ni de chimistes.

Quelques heures après, Lavoisier marchait au supplice, laissant, avec désespoir, son œuvre inachevée.

Mais de tous ces noms que l'exécration publique a inscrits en lettres de sang dans nos annales révolutionnaires, Fouquier-Tinville est celui qui inspire le plus d'horreur. Nous pouvons le juger par ce qui a été dit plus haut. Nous n'y ajouterons qu'un dernier trait.

Madame de Sainte-Amaranthe et sa fille, ayant montré plus de courage dans leur défense qu'on ne devait en attendre de deux femmes.

— Voyez, disait Fouquier tout étonné, voyez comme elles sont effrontées !... Dussé-je me passer de dîner, j'irai les voir guillotiner pour savoir si elles conserveront cette audace jusqu'à la fin.

Tels étaient les hommes qui faisaient trembler la France.

SIR PAUL ROBERT.

Mort des Girondins.

Le temps approchait où les plus fougueux démocrates devaient tomber eux-mêmes sous la hache révolutionnaire qu'ils avaient aiguisée. Bientôt Pache, maire de Paris, se présente à la Convention, à la tête des sections; il monte à la tribune et lit une pétition dans laquelle on demande la mise hors loi de vingt-deux membres de l'Assemblée, dénoncés quelques jours auparavant par Marat comme traîtres et conspirateurs.

Ces hommes connus sous le nom de Girondins, parce que la plupart appartenaient au département de la Gironde, formaient dans l'Assemblée une digue qui s'opposait souvent avec succès aux fureurs de la Montagne, et la Commune, qui devenait chaque jour plus puissante, avait juré leur mort.

A peine Pache a-t-il achevé la lecture de la pétition qu'un membre de l'Assemblée, nommé Penières, s'élance vers lui :

— N'avez-vous pas encore une petite place pour moi? lui dit-il; je la paierai ce que vous voudrez.

— Je suis désespéré, s'écrie Boyer-Fonfrède, de n'être pas au nombre de ceux sur lesquels la municipalité de Paris appelle les poignards.

Traduits devant le tribunal révolutionnaire, les Girondins ne purent faire entendre leur défense ; c'était pour eux que la Convention avait rendu un décret contenant cet incroyable paragraphe : « A l'honnête citoyen accusé, la loi donne pour défenseurs des jurés patriotes : elle n'en accorde point aux traîtres. »

Ce fut le 30 octobre, après cinq jours de débats, que Hermann, président, fit la lecture de la déclaration du jury. A mesure que les accusés rentraient pour entendre leur jugement, les regards se tournaient vers eux. Le silence le plus profond régnait dans toute la salle. Enfin Fouquier-Tinville se lève, et de sa voix lugubre, il requiert contre tous les accusés la peine de mort qui est immédiatement prononcée par le président.

A peine ce mot fatal *mort!* est-il prononcé, que Brissot laisse tomber ses bras; sa tête se penche subitement sur sa poitrine.

— Misérables ! dit-il d'une voix défaillante, mon sang n'apaisera pas le peuple qui vous demande du pain !

— Gensonné, pâle et tremblant, demande la parole sur l'application de la loi.

Boileau étonné, élève son chapeau en l'air en s'écriant :

— Peuple ! on vous trompe, nous sommes innocents !

— Oui, oui ! reprennent en chœur tous les accusés, nous sommes innocents ! nous laisserez-vous égorger par ces misérables qui vous trompent et vous trahissent?...

Il se fait un mouvement dans l'auditoire ; les gendarmes serrent les accusés, les forcent à s'asseoir : le mouvement cesse ; le peuple redevient immobile.

Sillery, qui ne marchait qu'à l'aide de béquilles, recouvrant tout à coup l'ardeur de la jeunesse et l'usage de ses membres, laisse tomber ses béquilles, son visage est resplendissant, et d'une voix fortement accentuée, il s'écrie :

— Ce jour-là est le plus beau de ma vie !

Valazé, à peine assis, saisit un poignard caché dans un rouleau de papier qu'il tenait sous son bras, et sans secousse, sans pousser un soupir, sans proférer une plainte, il s'enfonce cette arme dans la poitrine ; puis, retirant de son sein le poignard tout sanglant, il le montre aux juges en disant d'une voix défaillante :

— Non, lâches, brigands, vous n'aurez pas la satisfaction de me traîner vivant sur l'échafaud ; je meurs en homme libre !

La lumière des flambeaux éclairait cette terrible scène, car il était minuit, Boyer-Fonfrède se tournant vers Ducos, son beau-frère, le prit dans ses bras et lui dit en pleurant :

— C'est moi qui suis cause de ta mort !

— Consoles-toi, mon ami, répondit Ducos, nous mourrons ensemble !

Puis, recouvrant toute sa gaieté, il ajouta en souriant :

— Il y aurait peut-être un moyen de nous tirer de là, ce serait d'obtenir de la Convention un décret proclamant l'unité et l'indivisibilité des têtes.

...... Pendant le reste de la nuit, la Commune délibéra sur la question de savoir ce que l'on ferait du cadavre de Valazé ; quelques-uns proposaient de le décapiter *quand même ;* mais il fut décidé que l'on se bornerait à traîner le cadavre jusqu'à l'échafaud, ce qui eut lieu. Tous les autres allèrent à la mort en chantant et ils s'embrassèrent au pied de l'échafaud; Sillery qui ouvrit la marche, fut exécuté le premier, et les dix-neuf qui restaient livrèrent successivement leur tête au bourreau avec sang-froid.

(*Souv. du trib. révolut. de sir Paul Robert.*)

Dévouement héroïque de Boissy-d'Anglas.

(1er prairial, an III — 20 mai 1795).

Si le courage est nécessaire à celui qui commande une armée, il est encore bien moins indispensable à ceux qui, par leurs fonctions, sont appelés à arrêter le flot populaire quand il mugit et gronde. Gloire donc et reconnaissance à celui qui a assez de courage pour l'affronter et qui a assez de bonheur pour le voir venir se briser à ses pieds.

Le 20 mai 1795, la Convention siégeait aux Tuileries, lorsqu'une populace avinée fit irruption dans la salle des séances. Repoussée une première fois par la gendarmerie qui a croisé la baïonnette, elle ne tarde pas à revenir plus menaçante que jamais. Les défenseurs de la Convention se contentent de repousser une seconde fois la foule en ne se servant que de leurs baïonnettes, mais les assaillants font feu, les balles sifflent dans la salle et le désordre est à son comble. Les premiers rangs de la populace pressés par la foule qui grossit derrière eux et qui les pressent tombent sous les baïonnettes; la force publique est repoussée et, semblable à un torrent impétueux qui a brisé sa digue, la masse populaire fait irruption dans l'Assemblée. Alors on vit un dévouement sublime.

Le jeune Féraud, député plein de courage et de dévouement vole au-devant de la foule et s'écrie en découvrant sa poitrine : *Tuez-moi; vous n'entrerez qu'après avoir passé sur mon corps.* Il se couche ensuite à terre, mais la populace furieuse, composée de femmes ivres, d'hommes armés de fusils, de piques, de sabres, etc., lui passent sur le corps. — *Du pain,* s'écrie-t-elle, *du pain et la Constitution de* 93. Puis toutes les piques, tous les sabres se dressent contre le président. C'est Boissy-d'Anglas qui occupe le fauteuil : il demeure calme et immobile, tandis que la majeure partie des députés, protégés par quelques gardes, se réfugient sur les bancs supérieurs. Féraud, heureusement sans blessures, se précipite à la tribune pour protéger le président qu'il couvre de son corps. Mais il est frappé d'un coup de pistolet; il tombe, et l'infortuné jeune homme est entraîné, foulé aux pieds, et jeté hors de la salle de la Liberté. Une jeune fille (faut-il l'avouer), une jeune fille, nommée Aspasie Carlemigelli lui coupa la tête, et bientôt après rentra dans la salle revêtue de l'écharpe du jeune représentant; elle marche devant, sa tête portée au bout d'une pique, et tient encore à la main le couteau sanglant dont elle vient de se servir.

Au milieu de cette épouvantable scène, plus facile à comprendre qu'à décrire, Boissy d'Anglas demeure calme et impassible malgré le cercle de fer dans lequel on enferme sa tête. Il refuse de rouvrir la séance, et ferme à son poste, résigné à la mort, il voit sans pâlir tomber à ses pieds un jeune officier, fils du député Mailly, que la populace a percé de trois blessures. C'en était fait de la représentation nationale si Boissy d'Anglas eut cédé, mais il tient bon, et son courage impose un instant à ces hommes égarés. Cependant plusieurs veulent prendre la parole. Des cris, des vociférations couvrent leur voix. Pendant cette épouvantable scène, on apporte une tête au bout d'une baïonnette, c'est celle du jeune Féraud que des brigands promènent de nouveau dans la salle, au milieu des hurlements de la populace furieuse. A la vue de cette tête, dont la face est défigurée, Boissy d'Anglas se découvre et salue son infortuné collègue; puis il se rassied, reste impassible au milieu de cette scène de désordre et d'effroi, et force par son courage la populace à s'éloigner sans avoir pu accomplir ses criminels desseins.

Boissy d'Anglas mourut en 1826, à l'âge de 70 ans, universellement estimé.

On peut mettre en parallèle avec ce noble trait de courage civil celui que montra M. de Lamartine, en 1848, dans une circonstance non moins difficile. Tout le monde sait qu'une foule innombrable s'était portée, vers une heure après-midi, sur l'Hôtel-de-Ville pour demander le drapeau rouge. La France et avec elle l'Europe entière ont répété avec admiration les nobles paroles qu'il prononça alors :

— Citoyens, s'écria-t-il, vous n'aurez pas le drapeau rouge, parce que je ne le veux pas ; et savez-vous pourquoi je ne le veux pas? Parce que sous la République et l'Empire, les trois couleurs ont fait le tour du monde, tandis que le drapeau rouge n'a fait que le tour du Champ-de-Mars, vautré dans le sang du peuple.

Ces nobles paroles, son attitude fière et digne en imposent à la foule armée, et Paris échappe à la Terreur.

Les Furies de la guillotine et les Tricoteuses

— Demain ! il y a *messe rouge* (exécution) !

— J'irai.

— Une nouvelle *tête* d'aristocrate *à marquer* (à guillotiner) !

— Je n'y manquerai pas. Quand « les paniers s'emplissent, » les bonnes citoyennes doivent être là.

Et en effet, le lendemain, de grand matin, ces femmes se trouvaient au rendez-vous donné, en oraison devant « sainte guillotinette. » Ces femmes, que Mercier nommait les *femelles* des hommes des 2 et 3 septembre, avaient leur portrait tracé poétiquement par un littérateur de l'époque, qui écrivit les vers suivants à propos de la fontaine de la Régénération, élevée sur la place de la Bastille, pour la fête du 10 août.

De ces effrayantes femelles,
Les intarissables mamelles,
Comme de publiques gamelles,
Offrent à boire à tout passant :
Et la liqueur qui toujours coule,
Et dont l'abominable foule,
Avec avidité se soule,
Ce n'est pas du lait, mais du sang.

Ces femmes, enfin, parlaient un argot révolutionnaire.

On les appelait, par allégorie, *Furies de guillotine.* Tout ce que l'imagination peut se retracer de plus hideux ou inventer de plus farouche, se retrouvait dans ces natures monstrueuses qui n'avaient de femmes que le nom. A les voir coiffées du bonnet de liberté, les cheveux en désordre, les pieds nus, ou enfermés dans des sabots ou des souliers informes, vêtues d'une veste d'homme et d'un jupon de gros drap brun, la main appuyée sur une pique ou armée d'un fusil, on se fût cru le jouet d'une terrible apparition. N'étaient-ce pas là les sorcières de Macbeth ? Les antiques Euménides secouant sur leur passage des torches et des serpents?

L'échafaud était dressé. Placées dans un endroit d'où elles pouvaient *bien voir*, formant parfois un cercle autour de l'instrument fatal, ces femmes contemplaient avidement un spectacle toujours nouveau pour elle. Elles donnaient l'impulsion à la foule. Il suffisait de les regarder pour savoir *tous les points de la messe rouge.* Aussitôt que la charrette des condamnés apparaissait, et que les gardes à cheval commençaient à requérir place et passage, l'œil des Furies devenait flamboyant. Elles entonnaient le terrible *ça ira,* levaient leurs bras et frappaient du pied, criaient *mort aux traîtres*, et, de loin, suivaient du regard les victimes.

Dès que les condamnés étaient arrivés au bas de l'échafaud, les Furies changeaient de pose et tournaient le dos à la foule. Le supplicié devait supporter leurs injures et leurs menaces, son abattement provoquait leur risée, sa résignation, leur ironie, sa fermeté, leur rage. Quelques-unes étaient désolées de ne pouvoir remplir elles-mêmes l'office du bourreau. Si le supplicié voulait parler, un bourdonnement sourd et prolongé couvrait sa voix : les spectateurs éloignés devinaient l'intention des Furies, et répondaient à leurs murmures par des cris d'anathème. Quinze ou vingt victimes, guillotinées tour à tour, motivaient autant de mouvements frénétiques sur la place des exécutions. *La messe dite,* une agitation universelle succédait. Les Furies tendaient le cou, cherchaient partout de l'œil de nouveaux condamnés, et n'en trouvant pas, restaient là, courroucées et haletantes, jusqu'à ce que les panniers fussent enlevés. Il semblait que le bourreau leur fît tort d'une joie, ou tout au moins d'une curiosité. Ne fallait-il pas qu'elles fussent bien sûres qu'on ne leur déroberait aucune tête !

Quelquefois, les victimes parvenaient à faire entendre deux ou trois paroles; quelquefois aussi, ces paroles exaspéraient les Furies. Une femme montant à l'échafaud osa dire en riant à l'exécuteur : — *Adieu Sanson !* et au peuple : — *Adieu, sans farine.* Elle faisait allusion à la disette qui régnait alors. Quel effet produisit cette apostrophe sur la foule ! Si les gardes à cheval n'y eussent veillé, les Furies se seraient jetées sur la victime pour la déchirer de leurs propres mains. Rien n'irritait plus les Furies que ces bravades. Mais, elles, il leur agréait de plaisanter à propos des supplices, de crier à un condamné : — Mets ta tête à la trappe, ou bien de lui ordonner de monter plus vite, quand ses jambes tremblaient. Lorsque le marquis de Favras fut pendu sur la place de Grève, en février 1790, on lui cria, au moment même où son supplice commençait : *Saute, marquis.* Après qu'il eût expiré on cria : *Bis.*

Voilà ce qu'étaient, un jour d'exécution, *les Furies de guillotine.* Chez elles, il eût été impossible de les reconnaître. C'étaient souvent des femmes probes et laborieuses comme d'autres; souvent aussi leur visage doux, gracieux, beau même, contrastait avec ces faces hideuses et grimaçantes dont nous avons parlé plus haut. Il existait en elles une double nature. La foule, les armes, les cris, l'odeur du sang les rendaient folles. Le calme, la solitude de la vie privée en faisait des femmes de ménage ordinaires. D'autres, au contraire, absorbées par les événements, étaient toujours les mêmes, toujours portées aux rixes, aux meurtres, aux insurrections. Celles-ci ne connaissaient pas la vie privée. Constamment sur la brèche, adoptant le costume des *sans-culottes*, courant les clubs, menaçant par ici, par là dénonçant, leur existence entière se consumait dans les secousses révolutionnaires. Tout ce qui s'éloignait de la violence et du tumulte leur paraissait fade. Tout ce qui respirait l'émeute excitait dans leur âme une joie unique et suprême.

Il y avait des *Furies de guillotine* ailleurs que près de la guillotine. On en pouvait voir, tantôt à la tribune d'une société de femmes, tantôt à la barre de la Convention, tantôt à la tête des insurrections populaires.

L'histoire a conservé les noms de quelques-unes d'entre elles, de deux principalement, dont les biographies terminent le portrait des *Furies de guillotine*. La première est Rose Lacombe ; la seconde, Aspasie Carlemigelli.

Rose Lacombe.

Rose Lacombe fut d'abord une actrice très-jolie, fort renommée pour son talent en province, et qui vint à Paris, en 1789, à l'âge de 22 ans. Rose Lacombe fut saisie du désir de jouer du drame réel, et de se faire une réputation politique. Elle commença son rôle aux 5 et 6 octobre. Elle contribua de tout son pouvoir à exciter l'ardeur des femmes à Versailles, lorsqu'elles voulurent ramener le roi à Paris. « Une femme fut aperçue, dit le marquis de Ferrières, les yeux hagards, le visage troublé, un poignard à la main, s'informant avec mystère si l'appartement de la reine était aussi bien gardé qu'on l'assure, et s'il n'est aucun moyen d'y pénétrer ; et, sur la réponse négative, roulant des yeux sanguinaires, brandissant son poignard, sautant par-dessus les bancs, frappant et réveillant plusieurs de ses compagnes que l'ivresse avait assoupies. » C'était là sans doute Rose Lacombe. Revenue à Paris, elle fonda la *Société de femmes révolutionnaires,* qui parvint à faire arrêter, par le conseil de la Commune, que les citoyennes patriotes des 5 et 6 octobre auraient une place marquée dans les cérémonies civiques, et qu'elles seraient précédées d'une bannière portant d'un côté cette inscription : *Ainsi qu'une vile proie, elle ont chassé le tyran devant elles ;* et de l'autre côté : *Femmes des* 5 *et* 6 *octobre.* Le conseil ajouta que ces femmes assisteraient aux fêtes avec leurs époux et leurs enfants, et *qu'elles tricoteraient.*

De là, certainement, le nom de *Tricoteuses* qu'elles reçurent, et qui eut sa plus grande vogue pendant la puissance de Robespierre.

Au 10 août, Rose Lacombe, sabre et fusil en mains, marcha à la tête du bataillon des Marseillais, à côté du général Westermann. Sa bravoure lui mérita une couronne civique. Elle avait été blessée au poignet, pendant le siége des Tuileries. Aux 2 et 3 septembre, Rose Lacombe se montra encore, et *travailla* bien. Mais ce furent les derniers instants de son triomphe. Ses démêlés avec la Convention jetaient de l'ombre sur l'éclat de sa vie politique. Elle avait voulu faire l'héroïne dans les assemblées comme dans les rues. Le 26 août 1793, elle était venue, à la tête de ses républicaines révolutionnaires, dénoncer à la Convention les nobles en place et les administrateurs suspects. Dans un discours chaleureux, elle avait osé demander si l'on se jouait du peuple, et ses paroles n'avaient produit que peu ou point d'effet sur les députés. A l'époque de l'assassinat de Marat, elle parut cependant pour la seconde fois devant la Convention, et défendit aussi ses amies politiques : — « Législateurs, on est venu hier surprendre votre religion. Des intrigants, des calomniateurs, ne pouvant nous trouver des crimes, ont osé nous assimiler à des Médicis, à une Élisabeth d'Angleterre, à une Marie-Antoinette, à une Charlotte Corday ! Ah ! sans doute, la nature a produit un monstre qui nous a privés de l'ami du peuple; mais nous, sommes-nous responsables de ce crime ? Charlotte était-elle de notre société ? Ah ! nous sommes plus généreuses que les hommes ! Notre sexe n'a enfanté qu'un monstre, tandis que, depuis quatre ans, nous sommes trahies, assassinées par les monstres sans nombre qu'a produits le vôtre. Nos vœux sont ceux du peuple; et si on les opprime, nous saurons opposer la résistance à l'oppression. » Ce discours excita des murmures, et, par la suite, causa la ruine de la société des femmes. Les conventionnels ne savaient trop que penser de Rose Lacombe. Une circonstance la perdit dans leur esprit.

Un jeune homme nommé Rey, neveu de l'ancien maire de Toulouse et emprisonné comme étant aristocrate, était aimé de Rose qui, dès lors, fit toutes les démarches imaginables pour lui obtenir la liberté. Elle menaça Bazire de la vengeance des femmes révolutionnaires, s'il n'élargissait pas l'infortuné Rey. Bazire demeura insensible à ses menaces, et l'accusa tout simplement d'avoir tenu « devant lui, les propos les plus feuillants. »

Un autre député alla plus loin : il dénonça Rose Lacombe, parce qu'elle cachait un ex-noble, et vivait habituellement avec Leclerc, ex-rédacteur d'un journal royaliste. La malheureuse, soupçonnée, calomniée, blessée dans sa probité politique, voulut se disculper sur-le-champ, se rendit à la Convention, et s'élança à la tribune, bonnet rouge sur la tête. Elle ne fut pas écoutée. Bien loin de là, l'Assemblée nomma des commissaires chargés de dénoncer au comité de sûreté générale Rose Lacombe et Leclerc. Ce dernier seul fut arrêté ; et l'auteur de la *Gazette française*, ayant annoncé faussement que Rose était sous les verroux, reçut une lettre (25 sept. 1793), modèle unique du langage des *Furies* et qui se terminait ainsi :

« Je vous ferai voir que mes bras sont aussi libres que mon corps, car ils se font une fête de vous distribuer une volée de coups de canne, si, dans la feuille de demain, vous ne vous rétractez pas ; et je suis de parole.

« ROSE LACOMBE, *présidente.* »

Il paraît que Rey et Leclerc montèrent sur l'échafaud, et que Rose Lacombe, dans son désespoir, excita une troupe de femmes coiffées du bonnet rouge (c'était de rigueur), à forcer l'entrée de la salle des séances du conseil général de la Commune. Elle n'y gagna qu'une chose : la fermeture définitive des sociétés des femmes révolutionnaires. Elle rentra dans la vie privée. Elle devint marchande épicière, et, finalement, disparut sous le Directoire, sans qu'on en entendît jamais plus parler.

Telle est, en quelques mots, l'histoire de Rose Lacombe ; reste à raconter celle d'Aspasie Carlemigelli.

Aspasie Carlemigelli.

Aspasie, dite Carlemigelli, naquit à Paris en 1778. Elle était fille d'un coureur de la maison du prince de

Condé, et essuya, dès son enfance, les mauvais traitements de sa mère. Une maladie cruelle, qu'on voulut faire disparaître par le moyen de remèdes trop violents, la laissa dans un état voisin de la folie. On l'enferma dans une hospice d'aliénés d'où elle sortit bientôt. En 1793, elle fut emprisonnée *pour avoir tenu des propos inciviques*, et fut relâchée. Aspasie ne possédait certainement pas toute sa raison. Elle s'en alla un jour crier *Vive le roi!* dans les rues; mais on ne la condamna pas. Sa misère était grande. Des malfaiteurs lui avaient volé l'argent qu'elle possédait. Peu à peu elle devint comme furieuse, et tourna sa rage contre sa mère, qu'elle voulut faire condamner. Les juges n'agirent pas selon ses vœux, et Aspasie, tourmentée par un démon inconnu, se mit au nombre des fanatiques de Robespierre, des *Tricoteuses*. A peine était-elle enrôlée dans la légion des terroristes femelles, que le 9 thermidor renversa son idole.

Dès lors, Aspasie poursuivit une idée fixe, celle de venger Robespierre. Le 1er prairial an III, elle se mit à la tête des femmes des faubourgs Saint-Antoine, Saint-Jacques et Saint-Marceau, et marcha sur la Convention avec les sections armées qui demandaient du *pain! et la Constitution de* 93*!* C'est dans cette journée qu'Aspasie montra jusqu'où allaient son fanatisme et sa frénésie. Les insurgés, les femmes surtout, encouragés par Aspasie, menacèrent de leurs piques le président Boissy d'Anglas, que Féraud voulut protéger de son corps. Féraud, l'épaule fracassée par un coup de pistolet, tomba sous les pieds des furieux. Aspasie, riant et criant, les traits renversés à tel point qu'on ne pouvait définir si c'était de la douleur ou du délire qu'elle ressentait, trépigna avec ses galoches sur le corps du malheureux député, et l'assomma à coups de pique pen ant que la foule lui tranchait la tête. Horrible scène, qui faillit se renouveler un instant après. Les insurgés présentèrent à Boissy d'Anglas la tête de Féraud, et le président se découvrit. Camboulas, vêtu du costume de représentant, essaya d'apaiser le tumulte en s'écriant :

— S'il vous faut une victime parmi les représentants du peuple, prenez mon sang, mais épargnez celui de mes collègues.

Aspasie regardait Camboulas avec une ironie affreuse, et, au moment où il découvrait sa poitrine pour s'offrir aux coups des insurgés, la *Furie,* au milieu des cris et des injures, saisait un couteau et s'élança sur lui. Camboulas eût éprouvé le sort de Féraud, si un officier de section ne se fût jeté au-devant du coup. Le mouvement du 1er prairial fut apaisé, et cette fois, on prit les actes d'Aspasie au sérieux. On l'arrêta, on l'interrogea. Elle prétendit d'abord qu'elle n'avait obéi qu'aux impulsions des Anglais et des royalistes. Une année plus tard, en 1796, elle déclara au tribunal que, « si elle était libre, le bras qui avait mal atteint Boissy d'Anglas et Camboulas, les frapperait de nouveau ; qu'elle ne connaissait point Féraud, mais qu'elle l'avait assassiné avec plaisir parce qu'il était député, et que tous les députés avaient fait le malheur du peuple. » Elle se défendit elle-même, entendit prononcer son arrêt de mort avec le plus grand sang-froid, et ne se démentit pas davantage en allant au supplice.

Aspasie Carlemigelli fut guillotinée à l'âge de 23 ans.

Quel nom donner à Rose et à Aspasie, autre que celui de *Furies de guillotine?* Toutes deux ne le furent pas pas au même degré, ni de la même manière. La première représente ces femmes vives, hardies, passionnées, qui se jettent sans hésiter au milieu des troubles et des événements. La seconde représente les femmes qui semblent n'avoir pas toute leur raison, et qui obéissent à une volonté plus forte que la leur. Toutes deux composent le véritable type de furies tel qu'il apparut sous la Terreur. Et si le mot *furie* semble trop fort, contentons-nous de celui de *tricoteuse*, que Rose Lacombe et Aspasie Carlemigelli n'ont jamais dédaigné. L'un vaut l'autre pour qui ne s'attache pas à une question de mot. Nous pourrions dire que la Furie existait au temps d'orage, et la Tricoteuse pendant les jours de fête.

Aug. Challamel.

(*France littéraire.*)

Nous ajouterons, comme supplément aux Furies de guillotine, une horrible histoire, arrivée à Saint Malo en 1793, et dont le terrible dénoûment n'eut lieu qu'en 1810.

Un épisode Vendéen.

La loi naturelle, la tradition des patriarches, et plus tard les préceptes de la loi de Moïse, ont révélé aux hommes des principes de devoir et de plusieurs vertus; il était réservé au Christ, sauveur des hommes, de leur donner une règle de conduite plus parfaite et de leur révéler des vertus dont ils ne soupçonnaient même pas l'existence.

« Vous avez appris, » dit-il dans son admirable *sermon sur la montagne*, « qu'il a été dit : Œil pour œil, et « dent pour dent... Vous avez appris qu'il a été dit : « Vous aimerez votre prochain et vous haïrez votre en- « nemi; et moi je vous dis : Aimez vos ennemis, faites du « bien à ceux qui vous haïssent et priez pour ceux qui « vous persécutent et vous calomnient. Car si vous n'ai- « mez que ceux qui vous aiment, quelle récompense mé- « riterez-vous (1)? »

Je me plais à rappeler ces paroles du divin Sauveur, car où trouver une morale qui vaille celle-là? Si je me permets d'y ajouter des développements, c'est pour montrer ces sublimes préceptes mis en pratique, afin de vous faire voir par un exemple sensible jusqu'où peut aller la charité chrétienne. O vous, jeunes gens, qui avez

(1) Saint Matth. 5.

la langue et la main si promptes, qui répondez à une injure par une autre injure, à un coup par un autre, vous-mêmes vindicatifs d'un âge plus avancé, s'il en est qui me lisent, écoutez ce récit des annales de notre histoire, et en voyant le précepte du pardon chrétien pratiqué dans toute sa plénitude et sa plus haute perfection, ne voudrez-vous point tendre la main à qui vous fut hostile et oublier teut dissentiment?

A la plus déplorable époque de nos discordes civiles, une noble portion de la France, un peuple que le grand empereur, qui se connaissait en héroïsme; a déclaré *un peuple de géants*, et que son successeur continue d'honorer aujourd'hui, la Vendée, enfin, combattait vaillamment pour ses rois et pour ses autels. Des hommes de tout âge, de toutes conditions prenaient les armes; les infirmes, les enfants eux-mêmes prenaient part à cette lutte; les femmes, dans le genre de services qui convenaient à leur sexe, ne montraient pas moins de courage pour défendre une si sainte cause: chaque Venpéen, fût-ce le plus lourd paysan, se trouvait transformé en héros.

A l'époque où les Chouans (1) prirent les armes, une digne femme, une veuve, remplissait les fonctions de concierge dans un château près de Laval. Pauvre, elle trouvait dans son ingénieuse industrie les moyens d'exercer une active charité: C'était comme la sœur de

(1) On les appelait ainsi parce qu'ils imitaient le cri de la chouette pour se reconnaître.

bon secours de tous les environs. A défaut d'argent, elle trouvait mille moyens de rendre service. Elle avait acquis quelques connaissances pratiques en médecine, au moyen desquelles elle faisait beaucoup de bien; et comme les meilleurs remèdes du monde ne peuvent pas toujours conjurer la mort, à laquelle il faut que tous paient un jour le tribut, au moins savait-elle consoler et soulager les dernières douleurs des malades, et surtout leur procurer le bienfait d'une mort chrétienne par ses pieuses et prudentes exhortations.

Madame Huneau, c'était son nom, était veuve depuis plusieurs années. De son bonheur passé, il ne lui restait qu'un fils, sa consolation et son espérance en ce monde : elle lui avait inculqué les meilleurs principes; il répondait à ses soins.

Plein d'une noble ardeur, ce jeune homme aurait voulu prendre les armes et se mêler aux combats de ses compatriotes; mais son jeune âge, la faiblesse de son tempéramment et surtout sa soumission aux volontés de sa mère, ne le lui permirent pas. Néanmoins, il se rendait utile à sa cause par tous les moyens qui étaient en son pouvoir : c'était lui qui portait la correspondance des Chouans et surveillait les mouvements des postes républicains.

Mais tous les gens du pays n'étaient pas sans exception royalistes; quelques-uns, c'était il est vrai le petit nombre, avaient adopté les opinions révolutionnaires. Parmi eux, il y en avait un qui affectait de se montrer forcené partisan de la Terreur, cet odieux gouvernement qui mettait tous les honnêtes gens en prison, et faisait tous les jours une nouvelle moisson des têtes les plus respectables.

Ce méchant homme soupçonna la cause des absences fréquentes du jeune Huneau, et, n'osant s'attaquer aux plus forts, résolut de venger la République sur la personne de cet adolescent. En conséquence, il se mit en embuscade et guetta le jeune homme, qui, revenant de ses excursions, n'était plus qu'à vingt pas de sa mère. Déjà celle-ci tendait les bras vers lui, quand un double coup de fusil, parti d'un buisson voisin, atteint l'infortuné qui tombe percé de plusieurs balles.

Quelque rapide que fût la fuite du lâche assassin, la malheureuse mère a le temps de le reconnaître ; elle se précipite vers son fils ; hélas ! elle n'embrasse plus qu'un corps inanimé, tout secours fut inutile. Qu'on juge de la douleur de cette mère éplorée.

Si la pieuse veuve n'eût ardemment aimé Dieu et ses semblables, elle se fût trouvée bien isolée sur la terre, et son désespoir l'eût conduite elle-même au tombeau; mais elle tenait encore à la terre par les liens de la charité; tant de malheureux avaient besoin de ses soins qu'elle se sentit encore le courage de vivre. Elle retrouvait en eux une famille; elle sentait qu'elle n'avait pas tout perdu.

Pendant qu'elle se livrait à ses pieux exercices, on

vint un jour lui dire qu'un des plus farouches républicains du canton venait d'être attaqué tout à coup d'une affreuse maladie, dans laquelle on croyait voir une punition du ciel. Le remords s'était éveillé dans son âme, non accompagné du repentir qui purifie, mais avec le désespoir qui blasphème. Ses fureurs, ses cris de rage, le rendaient un objet d'horreur, même pour les siens qui osaient à peine l'approcher.

— Quel est le nom de cet homme? demanda la veuve, prête à voler au secours de tout infortuné. On le lui nomma; c'était précisément le meurtrier de son fils. Nous ne serions pas sincères si nous n'avouions qu'il y eut un moment de terrible combat dans cette âme si cruellement offensée; mais l'héroïsme de la religion eut bientôt pris le dessus; c'était le moment d'accomplir dans toute sa perfection le point le plus difficile de la loi d'amour!

Alors, se levant avec une généreuse résolution :

— Partons, dit-elle, et aussitôt elle se dirige vers la demeure de ce misérable. Il était alors tombé dans cet état d'affaissement qui suit le délire; elle s'approche en lui annonçant quelques remèdes qu'elle apporte pour le soulager. Au son de cette voix bien connue, l'accès de frénésie du malade recommence :

— Que me veut cette femme, s'écrie-t-il; sait-elle ce que j'ai fait? Vient-elle jouir de mes tourments? Si cela n'est pas, sauvez-vous d'ici; vous ne me devez que de l'horreur; il ne peut y avoir pour moi ni pitié ni miséricorde. Je n'attends que la damnation; Dieu lui-même ne pourrait m'en sauver!

Il y avait effectivement de quoi faire reculer, mais madame Huneau ne s'éloigna pas, et recueillant toutes ses forces :

— O malheureux, lui dit-elle, pourquoi blasphémer? repentez-vous, et Dieu vous fera grâce! Pourquoi ne le pourrait-il pas, puisqu'il a bien pu m'amener vers vous que j'ai reconnu, vers vous qui avez tué mon fils? Ah! quand Dieu m'envoie ici pour pardonner, sans doute il peut pardonner aussi; méritez-le donc par votre repentir!

Quel cœur, si pervers qu'il pût être, n'aurait été touché d'un pareil dévouement et d'une si consolante assurance? Celui du méchant s'émut enfin, et la sainte femme put savourer un bonheur tout céleste en se voyant l'instrument d'une conversion aussi difficile, aussi inespérée. Il lui fallut encore bien des efforts pour obtenir que cette conversion devint complète; elle courut des risques pour amener auprès du moribond celui qui avait mission d'assurer sa réconciliation avec le ciel. Elle put mener tout à bonne fin, et demeura encore huit jours auprès du converti, devenu un homme nouveau, dont elle encourageait la foi et adoucissait les dernières souffrances. Il mourut alors en bénissant le ciel et celle qui avait été pour lui la généreuse interprète de la divine miséricorde.

C'est ainsi que se venge le vrai chrétien.

Mme J. DE GAULLE.

L'enfant de la punition.

(1793-1810).

On appelait ainsi à Saint-Malo, en 1810, une jeune fille de dix-sept ans, dont le vrai nom était Marguerite Breuilh. Elle était fille de Jacques Breuilh, le calfat, lequel, ne trouvant plus à s'employer dans les chantiers du port, à cause d'une circonstance que nous dirons plus tard, s'était jeté dans les périlleuses spéculations de la contrebande.

Marguerite était bien belle. Ceux qui la voyaient et ne savaient point son histoire s'arrêtaient devant elle avec admiration. Elle était toujours vêtue d'une façon étrange. Sa robe, de grosse toile, nouée à la ceinture à l'aide d'un débris de cordage, lui seyait mieux que ne sied aux autres jeunes filles la mousseline aux molles draperies ; ses longs cheveux blonds, qui tombaient épars sur ses épaules pudiquement voilées, avaient ce riche reflet que ne peut donner l'art d'une camériste. Elle allait, légère et gracieuse, effleurant à peine, de ses petits pieds nus, le sable mouillé des grèves. Quand on la regardait, ses grands yeux, limpides et doux, ne se baissaient point. Un sourire mélancolique venait à sa lèvre. Puis elle se prenait à chanter d'une voix si suave et si triste à la fois, qu'on l'écoutait en pleurant.

On pleurait. L'air de son chant était bizarre, les paroles tombaient indistinctes. C'était peut-être un de ces touchants refrains, hymnes naïfs, que disent les femmes des matelots en regardant au loin la mer qui blanchit, s'élève et confond à l'horizon sa ligne tremblante avec le brun azur du ciel de Bretagne. C'était peut-être un cantique inconnu, une prière.

Mais, peu à peu, sa voix prenait de l'étendue ; les paroles s'accentuaient et devenaient saisissables. Alors l'émotion se glaçait dans le cœur de ceux qui l'écoutaient ; l'attendrissement faisait place à l'horreur. On se détournait avec dégoût.

Voici ce que chantait Marguerite, qui était folle :

Du sang, du sang, il faut du sang !...
Versons à boire à la machine.
Pour abreuver la guillotine,
Il faut du sang, du sang, du sang !

Et, tandis qu'elle chantait ce hideux refrain, que la foule avait coutume de hurler durant la Terreur, autour des échafauds toujours dressés, l'œil bleu de Marguerite se levait doux et pur vers le ciel. Sur son beau front respirait une douceur angélique. Sa voix mélodieuse et pénétrante trouvait des vibrations pleines de charmes. Ce contraste serrait le cœur et faisait frissonner.

Tant que durait le jour, elle courait ainsi sur la grève, La tempête ne l'effrayait point. On la voyait parfois, au plus fort de l'orage, grimper, leste comme un oiseau, le long des flancs escarpés du fort de l'Empereur (le fort Royal). Elle se suspendait à quelque dent du roc ; l'ouragan la berçait ; la crête écumeuse du flot venait caresser son pied blanc ; autour d'elle, les goëlands se balançaient sur leurs longues ailes, et jetaient leurs cris maigres et plaintifs, auxquels elle répondait, la pauvre fille, par son éternel refrain. La mer montait toujours. Alors, elle gagnait le sommet aigu du rocher. Là, elle s'asseyait, sa tête se penchait sur sa main. Le vent ramenait ses longs cheveux sur son visage. Elle apparaissait de loin comme une statue d'albâtre, fantastiquement érigée sur ce piédestal géant.

Le soir, elle ne rentrait point dans l'enceinte de la ville. Où passait-elle la nuit ! Nul ne le savait.

On racontait ainsi la lugubre histoire de sa naissance.

En 1793, alors que Carpentier décimait légalement la population de Saint-Malo, Jacques Breuilh était un jeune ouvrier du port robuste et honnête. Le travail abondait, à cause du chômage momentané qui avait eu lieu au commencement de la Terreur. Breuilh gagnait facilement sa vie. Il avait une femme belle et bonne qu'il aimait. Il était heureux.

Le vent des doctrines révolutionnaires avait passé sur Saint-Malo, et mis à l'envers, comme partout, une multitude de têtes. Breuilh, sans trop savoir pourquoi, se prit à détester les aristocrates, bien qu'il eût souvent accepté leurs bienfaits, et surtout les prêtres, quoiqu'il dut son bonheur actuel à un respectables ecclésiastique dont la main secourable avait soutenu sa jeunesse. Il ne voulut point se souvenir que l'abbé Saulnier, curé de Saint-Sauveur, lui avait servi de père. C'était un prêtre; or, les prêtres étaient des scélérats. Il n'appartenait point à Breuilh d'aller contre cet argument sans réplique.

Sa femme, excellente ménagère d'ailleurs, était encore plus fervente patriote que lui. Elle savait par cœur tout le psautier républicain, et c'était plaisir de la voir, les jours d'exécution, retenir sa place bien des heures à l'avance au pied de la guillotine, et tricoter sans manquer une maille, tandis qu'une tête tombait au-dessus d'elle.

Elle était enceinte, et le terme de sa délivrance approchait. Breuilh ne la quittait plus un instant. Il avait déserté le travail pour soigner sa femme, et la citoyenne avait maintenant l'appui du bras conjugal pour se rendre à la place des exécutions. Quand la machine avait fonctionné, le couple aimable revenait au logis en bâtissant de beaux rêves sur l'avenir de l'enfant qui allait voir le jour.

— Si c'est un fils, disait Jacques, il s'appelera Brutus, comme ce vertueux citoyen d'Italie qui passa son épée au travers du corps d'un Capet...

— D'un pape!... interrompit la citoyenne. En Italie, vois-tu Jacques, ce sont les papes qui sont les tyrans.

Jacques admirait l'érudition supérieure de sa compagne.

— Si c'est une fille, reprenait celle-ci, nous la nommerons...

— Brutuse...

— Fi !... nous chercherons... Elle sera belle, Jacques, bien belle... et nous tâcherons de la faire nommer déesse de la Liberté !

Les deux époux, à cette brillante idée, dansaient la carmagnole avec transport.

Un certain quintide du mois de messidor de l'année 1793, il devait y avoir, sur la commune de Saint-Malo, une exécution bien intéressante. La victime était M. Saulnier, ancien curé de Saint-Sauveur. Tout le monde connaissait le vieux prêtre. Tout le monde voulut voir quelle mine il ferait sur l'échafaud.

La guillotine se dressait sur le milieu de la place, vis-à-vis du tribunal révolutionnaire, au lieu où on a élevé depuis une statue du vaillant lieutenant-général des armées navales Dugay-Throuin. Il y avait foule autour de l'échafaud. Notre ménage patriote était à son poste. Au moment où la cohue s'ouvrait pour laisser passer la voiture du patient, la citoyenne Breuilh fut prise des premières douleurs de l'enfantement.

Un héroïque et puissant effort refoula ses cris au-dedans d'elle-même. Elle attendit. M. l'abbé Saulnier monta les d grés de l'échafaud.

Mais tout à coup un murmure de dépit parcourut l'assemblée. L'exécuteur ne se montrait point.

La citoyenne Breuilh laissa échapper une exclamation de regret.

— Quel malheur ! dit-elle.

— Le bourreau a passé l'eau, disait-on dans la foule ; il s'est enfui à Southampton, parce qu'il ne voulait pas porter la main sur le Saulnier qui lui avait fait du bien dans le temps.

— Est-ce qu'on se souvient de ça ! répartit Jacques Breuilh en haussant les épaules.

Personne ne répondit. L'abbé Saulnier avait été autrefois le bienfaiteur de tous les malheureux. A ce moment suprême la pitié revenait dans les cœurs.

— Y a-t-il un citoyen de bonne volonté pour remplacer le bourreau ! demanda un fonctionnaire de la République.

Il se fit un morne silence.

— Jacques, dit tout bas la citoyenne Breuilh ; j'ai une envie...

Elle n'acheva pas, mais d'un regard expressif caressa l'échafaud.

Pour un cœur bien placé, le désir d'une citoyenne devait être un ordre suprême. Jacques franchit en trois bonds les degrés de l'estrade.

— Me voilà ! dit-il.

Sa femme poussa un cri de joie qui se termina en clameurs déchirantes. Les douleurs l'avaient reprise avec une violence significative. Elle allait être mère.

Mais à l'instar de Jeanne d'Albret, elle réprime ses gémissements, et entonne d'une voix ferme une de ses chansons favorites :

> Du sang, du sang, il faut du sang!...
> Versons à boire à la machine.
> Pour abreuver la guillotine,
> Il faut du sang, du sang, du sang !

A ce refrain connu, la pitié de la foule s'évanouit comme par enchantement. Une joie furieuse se communiqua de proche en proche, et bientôt un chœur immense entonna le couplet patriote.

Pendant ce temps-là, Jacques Breuilh, malgré son inexpérience, remplissait son office à la satisfaction générale. La tête vénérable du prêtre roula sur les planches de l'échafaud, et le fonctionnaire républicain rendit grâce au calfat au nom de la nation.

Jacques reçut ces félicitations officielles avec une fierté modeste. Il avait la conscience d'avoir bien mérité de la patrie. Quand il revint près de sa femme, la citoyenne avait dans ses bras une jolie petite fille. Jacques l'embrassa avec enthousiasme.

— Elle est née un jour de fête, dit la mère ; l'Être suprême lui doit d'heureuses destinées.

Jacques trouva cela fort bien dit.

Quand les deux époux furent de retour au logis, ils examinèrent amoureusement le cadeau que venait de leur faire l'Être suprême. La petite fille était charmante. Seulement tout autour de son cou mignon, une ligne rouge et sanglante s'enroulait comme un collier de corail.

— Qu'est-ce cela? demanda la citoyenne Breuilh.

Jacques pâlit.

— Le couteau... murmura-t-il; la guillotine.

— Bah! dit la citoyenne en éclatant de rire, c'est une *envie*.

La petite fille grandit. A mesure qu'elle grandissait, le cercle rouge devenait moins sanglant. Ce fut bientôt un imperceptible collier d'un rose pâle. La citoyenne Breuilh se réjouit; car l'amour maternel avait chassé peu à peu sa lugubre manie.

— Après tout, disait-elle, la guillotine n'a point laissé de trace... Ma Marguerite sera la perle de Saint-Malo. Dans dix ans qui se souviendra qu'elle est née au pied de l'échafaud?

— Qui s'en souviendra? répétait le docile calfat.

On devait s'en souvenir toujours.

La Terreur était passée depuis deux ans. La guillotine avait perdu sa vogue. On commençait à s'éloigner du malheureux Jacques que ses camarades avaient surnommé le bourraau. Une seule consolation lui restait : sa fille, sa jolie Marguerite, qui semblait un petit ange quand elle souriait dans son berceau. Mais Marguerite ne parlait point. Sa mère avait beau passer de longues heures à lui répéter sans cesse le même mot, la petite fille demeurait muette.

Un soir, enfin, sa langue se délia. La citoyenne Breuilh crut l'entendre parler de loin. Elle appela son mari en toute hâte. Ils coururent auprès du berceau. La pauvre mère ne pouvait plus contenir sa joie ; elle délirait.

— Parle, Marguerite, parle, ma gentille, disait-elle.

Puis elle se penchait pour écouter.

L'enfant garda quelque temps le silence. Puis, fixant ses grands yeux bleus sur sa mère qui joignait les mains, et retrouvait une prière chrétienne pour remercier Dieu, elle se prit à chanter tout bas :

Du sang, du sang, il faut du sang !...

Malheur ! malheur ! cria la pauvre mère en tombant à la renverse.

Jacques se précipita pour la secourir. En même temps, l'enfant continuait :

Versons à boire à la machine...
Pour abreuver la guillotine.

— Oh ! tais-toi... tais-toi ! dit sa mère d'une voix mourante.

L'enfant poursuivit :

Il faut du sang, du sang, du sang !

Jacques, atterré, promenait son regard de sa fille à sa femme évanouie. Celle-ci se releva enfin. Ses yeux étaient ternes et glacés; des rides plissaient son front livide : elle avait vieilli de dix ans en une minute. Le lendemain, elle voulut tenter une seconde épreuve. L'enfant ébauchant un sourire angélique, fit entendre sa petite voix douce, et commença le refrain maudit. On ne l'entendit jamais prononcer d'autres mots que ceux de la chanson. La citoyenne Breuilh, frappée au cœur, traîna pendant quelques mois une existence languissante, et mourut de chagrin.

Au dernier moment de son agonie, elle entendit la voix de Marguerite qui chantait :

Du sang, du sang, il faut du sang...

Jacques Breuilh pleura sa femme. Il resta triste et seul avec son enfant, image vivante du remords. Chaque fois qu'il revenait du travail, Marguerite l'acueillait par le refrain fatal. Et pourtant il aimait Marguerite. Tout ce qu'il avait d'affection dans son cœur s'était reporté sur elle.

Mais sa souffrance devait s'accroître encore.

Marguerite, quand elle eut dix ans, ne put pas rester sans cesse confinée au logis. Son instinct vagabond d'ailleurs la poussait à sortir. Dès qu'elle sortit, la ville entière fut mise dans le funeste secret. On s'éloigna d'elle avec horreur. Rapportant sa lugubre folie aux événements tragiques qui avaient accompagné sa naissance, on l'appelait : *La fille de la punition.* Vraie ou fausse, cette idée de châtiment céleste fut pour Jacques une sorte d'arrêt de proscription. Ses camarades le repoussèrent; le maître de chantier où il travaillait le chassa.

Jacques se fit contrebandier pour donner du pain à Marguerite. Il aimait la pauvre fille d'un amour exclusif et passionné. C'était tout ce qui lui restait en ce monde.

Pendant plusieurs années, Jacques, tout en faisant la fraude des dentelles et de la coutellerie d'Angleterre, put continuer d'habiter Saint-Malo. Comme il avait peu de besoins, il agissait avec une excessive prudence, et les soupçons qui planaient sur lui ne pouvaient se changer en certitude. Un jour pourtant il fut surpris, débarquant les ballots à nuit close derrière les rochers où s'élève maintenant la tombe de Châteaubriand. Les douaniers firent une décharge du haut du grand Bé, et le manquèrent, mais ils l'avaient reconnu. Désormais, il n'y avait plus de sûreté pour lui à Saint-Malo.

Alors commença pour Marguerite cette vie étrange et mystérieuse dont nous avons parlé au commencement de ce récit. Le jour elle errait sur les grèves, jouant avec l'écume du flot comme un alcyon, cueillant la fleur pâle des fucus, et cherchant, aux crêtes inaccessibles des rochers de la côte, ces capricieuses et délicates arabesques que figurent les tiges plates du goëmon rose. Les gens du pays qui la rencontraient d'aventure s'éloignaient d'elle, mais ne l'insultaient point, car son angélique regard eût fait naître la pitié dans le cœur d'un tigre. Quand un étranger, attiré par sa beauté, s'approchait d'elle, un enfantin sourire venait à sa lèvre, et elle chantait doucement son horrible refrain.

La nuit, elle regagnait l'abri de son père, qui était toujours contrebandier, et se cachait on ne savait où.

Or, sous l'empire, la répression de la contrebande était bien autrement sévère que de nos jours, puisqu'elle faisait partie du système de guerre.

La douane était en force sur toutes les côtes de la Manche. Nuit et jour on veillait sur les dunes, et les malheureux smoglers n'étaient point des hommes de loisir. Mais ce déploiement de surveillance n'empêchait point le commerce nocturne d'aller son train. De temps en temps, on trouvait sur la grève le cadavre d'un Anglais; le lendemain c'était celui d'un *gabelou*. Il y avait compensation, et les choses suivaient leurs cours.

Jacques n'allait point souvent en mer. Son métier était le plus dangereux de tous; il était débardeur. Quand un flambard smogler se montrait en vue, Jacques montait sur son bateau, et se rendait à bord pour remplir l'office de pilote. Ensuite il aidait à débarquer les ballots et recevait une modique part des bénéfices.

Jusqu'alors il avait réussi à se dérober à toutes les poursuites. Sa retraite, ou ses retraites, car il devait en avoir plusieurs, étaient si habilement choisies, que les douaniers perdaient leurs peines. Mais Marguarite courait tous les jours sur les grèves. Une fois, un garde-côtes, plus avisé que ses collègues, la suivit de loin à la nuit tombante.

Ce garde-côtes eut une rude besogne. La jeune fille, après avoir suivi la plage dorée qui s'étend comme un tapis régulièrement échancré, depuis le fort Royal jusqu'à Roteneuf, s'engagea dans ce dédale de rocs anguleux et brisés, qui défend, en manière d'immense estacade, la haute falaise de la Varde. Une fois dans les rochers, la marche de Marguerite ne se ralentit point. Elle sautait de pointe en pointe, gracieuse et svelte comme un chamois des Alpes. Nul obstacle ne l'arrêtait. Ses petits pieds effleuraient à peine les touffes grasses et salées des varechs. Le douanier, au contraire, suait sang et eau, le malheureux. Les clous de ses souliers ferrés s'accrochaient aux déchirures des rochers; il glissait sur les goëmons; il trébuchait dans les mares; parfois il dégringolait pesamment au fond de quelque anfractuosité peuplée de sèches et de margattes noirâtres, dont l'odeur infecte l'énervait. Néanmoins, il ne se décourageait point, car il y avait une forte prime au bout de ses efforts.

Marguerite allait toujours. Il n'y avait point de lune au ciel, mais, à la lueur des étoiles, on voyait sa forme blanche se détacher sur le fond noir des rochers. Le vent d'ailleurs apportait par bouffées à l'oreille attentive du douanier quelques notes du chant de la jeune fille.

Tout à coup elle disparut et sa voix cessa de se faire entendre. Le douanier s'arrêta indécis. Il était alors sur le plus élevé des groupes de rochers qui protégent la pointe de la Varde. A 200 pieds au-dessous de lui, la mer se brisait contre la base du roc. Il avança encore. La route, jusqu'à l'endroit où avait disparu Marguerite, était plate et unie ; elle se terminait par une large fissure qui s'ouvrait sur la mer et qu'il n'était point possible de franchir.

Naturellement le regard du douanier plongea au fond du trou. Il découvrit une faible lueur, répercutée par les parois mouillées de la fente.

— Voilà le nid ! murmura-t-il en se frottant les mains. Et, rebroussant chemin aussitôt, il se hâta de gagner le poste de Roteneuf où il requit main-forte. Une heure après, cinq hommes s'arrêtaient au bord de la fissure. Ils descendirent en silence. Au fond du trou était une très-petite cabane, si bien cachée qu'il fallait connaître *à priori* son existence pour la découvrir. La lumière était éteinte à l'intérieur. Les douaniers battirent le briquet.

Ils entrèrent. Sur un tas de goëmon séché, Marguerite était étendue toute habillée. Elle dormait. Sa physionomie calme et douce eut pu servir de modèle pour représenter la candeur.

Elle était seule dans la cabane.

— Où peut-il être ? se demandèrent les douaniers.

Ils secouèrent brusquement Marguerite, qui s'éveilla en souriant. A la vue de ces hommes armés, son grand œil bleu ne se baissa point. Elle ouvrit la bouche, et murmura bien doucement :

Du sang, du sang, il faut du sang !...

Les douaniers tressaillirent.

— Oui ! dit l'un d'eux en se remettant, il en faut, et quand le brigand reviendra, nous en aurons !

Une nuage passa sur le front de la jeune fille. Peut-être l'instinct de l'amour filial dissipait-il pour un instant les ténèbres de son intelligence. Ce fut un éclair. Après quelques secondes de silence, elle reprit :

Versons à boire à la machine.
Pour abreuver la guillotine...

— Écoutez ! s'écria l'un des douaniers.

Chacun fit silence, Marguerite elle-même interrompit son chant.

On entendit sur la mer, au bas du rocher, un bruit sourd et régulier. C'était un bateau qui s'avançait à rames.

— Le voilà ! dirent les douaniers en apprêtant leurs armes ; nous le tenons !

Marguerite porta lentement la main à son front. Elle passa d'un bond entre les douaniers et se pencha sur le bord de la rampe.

— Tais-toi ! dit tout bas un des gardes, ou tu es morte !

La pauvre enfant ne pouvait pas désobéir. Elle ne savait point parler. Mais au moment où les douaniers la rejoignaient, elle saisit la corde qui servait d'échelle à son père et se laissa glisser le long du rocher.

Les douaniers se consultèrent une seconde; puis l'un deux donna un coup de sabre sur la corde tendue, qui se rompit aussitôt. Une voix faible monta des profondeurs du pécipice. Elle disait :

Il faut du sang! du sang! du sang!

— Pauvre fille! murmurèrent les douaniers.

La barque cependant continuait à s'avancer; Marguerite, précipitée d'une hauteur énorme sur la grève, ne put avertir son père. Jacques fut prit par les douaniers après un combat acharné. On ne retrouva point le lendemain le corps de Marguerite sur les grèves.

Jacques fut condamné à mort.

Le jour de son exécution, l'échafaud se dressa sur la commune, à cette même place où Jacques avait, 17 ans auparavant, rempli l'office de bourreau. On se souvenait de cette circonstance et il n'y avait point de pitié pour lui parmi les spectateurs.

Jacques monta, tête baissée, les degrés de l'échafaud.

A ce moment, une femme pâle, les vêtements déchirés, le corps couvert de blessures, perça la foule et vint tomber mourante au pied de la guillotine.

— Ma fille! cria Jacques en étendant les bras.

Marguerite se leva à-demi. Elle regarda le fatal appareil, puis elle se mit à sourire en murmurant :

Il faut du sang, du sang, du sang !
Pour abreuver la guillotine.

Puis encore elle tomba pour ne plus se relever.

Jacques poussa un cri d'angoisse, et donna sa tête à l'exécuteur.

La foule s'écoula silencieuse et recueillie. Si la faute avait été grande, le châtiment était terrible, et plus d'un trouva dans son cœur de la pitié pour cette triste famille sur laquelle s'était appesanti le doigt de Dieu.

Il y a bien longtemps que tout cela est passé, mais les catastrophes de ce genre ne s'oublient point, et vous trouveriez encore à Saint-Malo et à Saint-Servan de nombreux témoins qui vous raconteraient, comme nous venons de le faire, la lamentable histoire de l'*Enfant de la punition*.

P. F. (*Quotidienne.*)

Le 9 thermidor.

Le triomphe des méchants est court, et l'instrument de leurs crimes devient ordinairement celui de leur perte : après avoir détruit les autels et les rois, les prêtres, les nobles et les riches, les Montagnards, c'est-à-dire les Terroristes s'étaient attaqués aux Girondins, leurs complices, hommes plutôt égarés que corrompus, qui auraient voulu les arrêter sur la pente de l'abîme révolutionnaire, comme si l'on pouvait retenir le débordement des flots en courroux après avoir abattu les digues qui devaient les retenir !

Après avoir moissonné tout ce qui était digne de quelque respect, que restait-il à faire aux tyrans qui, sous prétexte de l'affranchir avaient asservi si durement la France, sinon à s'entr'égorger les uns les autres? Robespierre, qui voulait se défaire de tous ses concurrents, commença par désigner pour victime l'infâme Philippe d'Orléans, dit *Egalité*. Déjà suspect, il était détenu à Marseille ; on le fit venir à Paris où il comparut devant le tribunal révolutionnaire qui entendit avec dédain sa prétendue justification, c'est-à-dire le récit de ses forfaits. Cet homme à qui on ne connaissait aucune espèce de courage, et que la honte aurait dû accabler à défaut de remords, reçut cependant sa condamnation en affectant un sourire et demanda qu'on ne remît pas sa mort au lendemain. La foule se pressa sur son passage : Celui qui avait défié sa conscience brava les outrages de la multitude dont il avait été longtemps la méprisable idole. L'impudence de ses derniers moments ajouta encore à l'horreur qu'inspirait ce traître qui puisait sa sécurité dans la doctrine de l'anéantissement. Sa chute fut généralement applaudie ; la faux révolutionnaire tombait enfin sur une tête coupable !

Après ce monstre vint le tour d'Hébert, le cynique rédacteur du *Père Duchesne*. Chaumette qui, avec lui, avait décrété l'athéisme, Danton, Camille Desmoulins, Gobet, prêtre apostat, qui avait présidé au culte infâme de la *déesse Raison* et d'une foule d'autres. Danton en marchant à la mort prophétisait qu'il précédait Robespierre. La peur avait déjà commencé le supplice de ce scélérat; des menaces anonymes venaient l'avertir du danger qui le menaçait. Dans chacun de ses collègues, il croyait voir un ennemi, et méditait contre eux de nouvelles proscriptions.

Il ne se trompait pas. Plusieurs d'entre eux, lassés de cet ignoble joug, préparaient sourdement sa perte et leur délivrance et celle de la France. Tallien, que Robespierre avait envoyé à Bordeaux pour y remplir une cruelle mission, y avait, à la prière d'une femme, sauvé quelques victimes : madame de Fontenay, née Thérésia Gabarier, avait, par sa parfaite beauté, son esprit et ses grâces, fait une vive impression sur le cœur du conventionnel. Robespierre l'apprend et fait jeter dans un cachot cette femme charmante; mais cette dernière violence fut ce qui détermina sa chute; car, blessé dans ce qu'il avait de plus cher, et pressé par la belle prisonnière qui l'avait rappelé à l'humanité, Tallien prit l'énergique résolution de risquer le tout pour le tout, en demandant à la Convention la mise en accusation du tyran dont elle était fatiguée.

Dès le 8 thermidor, des signes précurseurs annonçaient à Robespierre l'orage qui s'amoncelait sur sa tête.

Il veut le prévenir par de nouvelles proscriptions. Dès que le jour paraît, il lui tarde de se présenter au milieu de cette Assemblée conventionnelle qu'il était accoutumé à dominer. Il espère y retrouver toute son audace; mais à peine y est-il entré qu'il pâlit. Un profond murmure l'environne, le suit partout où il veut se placer. On le cerne, on ne l'approche pas. Saint-Juste monte à la tribune, Tallien l'interrompt avec fureur :

« Écouterons-nous plus longtemps, s'écrie-t-il, les « hypocrites protestations de ces hommes qui, prêts à « nous égorger, travaillent à nous désunir? Il est arrivé « le moment de notre union, de notre force, de notre « liberté. »

Puis, adressant la parole à Robespierre : « Tyran, « prétendras-tu nous cacher les attentats que tu mé- « dites contre la représentation nationale? Hier, n'ai-je « pas vu moi-même tous les apprêts de tes proscrip- « tions? J'étais aux Jacobins, je t'écoutais quand tu « nous désignais tous au fer de tes assassins. Ils ont « promis de servir ta fureur; ils la servent. Dans ce mo- « ment, l'infâme Henriot les rassemble. Ils marchent; « nous les préviendrons. Toutes les horreurs de cette « nuit criminelle sont connues du comité de salut pu- « blic; il va les raconter, nous allons punir tous tes « crimes. Tes yeux ne peuvent plus rencontrer dans « cette enceinte un homme qui ne soit ton ennemi, « que tu n'aies forcé de l'être. La patrie, le genre hu-

« main, s'élèvent contre toi ; nous remplirons leur ven-« geance. »

Une acclamation universelle de l'Assemblée suivit cette apostrophe. Billard, que Tallien avait provoqué avec beaucoup d'adresse, se leva; et, sans parler de tous les forfaits de Robespierre, dont il était le complice, il lui en resta encore assez à prouver pour augmenter l'effroi de l'Assemblée. Robespierre, depuis longtemps voulait parler; mais toujours les cris de *à bas le tyran! à bas le tyran!* couvraient sa voix.

Tallien reprit encore la parole: « Tout annonce, « dit-il, que la Convention va, d'un sentiment unanime, « prononcer sa délivrance ; mais si elle trahissait mon « attente et celle de tous les Français, le tyran ne joui-« rait pas de son triomphe : je me suis armé d'un poi-« gnard pour lui percer le sein, si la Convention n'a pas « le courage de le décréter à l'instant d'accusation. »

Il tire ce poignard, et ce transport de fureur produit dans toute l'Assemblée comme un effet électrique. Elle se déclare en permanence et décrète que Henriot sera arrêté avec tout son état-major. *Occupons-nous de Robespierre!* tel fut ensuite le cri général.

Quelques députés se laissaient enchaîner, à regret, à punir le plus grand des coupables ; d'autres pensaient encore être entendus. Ce fut à force de tumulte qu'on empêcha les uns et les autres de se reconnaître. Un député, nommé Lebas, s'épuisait en efforts pour défendre Robespierre. On l'éloignait violemment de la tribune chaque fois qu'il voulait y monter. Robespierre poussait des cris de rage, ne s'échappait d'un groupe de ses ennemis que pour tomber dans un autre plus acharné. L'étonnement et la terreur avaient paralysé ceux sur l'appui desquels il comptait. Parfois il prêtait l'oreille aux bruits du dehors, dans l'espoir d'avoir de ce côté quelque secours; mais le peuple voyait son péril avec indifférence et probablement avec joie.

Voyant sa cause perdue, par moment il demandait la mort. « La mort, répondait-on, oui tu l'auras, mais « avec un supplice: il commence, et nous en jouis- « sons. » La tribune gardée par les conjurés était devenue pour lui inaccessible. Il courait vers le fauteuil du président. Celui-ci, c'était Thuriot, agitait sans relâche, depuis une demi-heure, une sonnette qui coupait la voix de Robespierre. Il parvint à faire entendre ces mots: « Pour la dernière fois, je te demande la parole, « président d'assassins. » La terrible sonnette répondit seule à cette invective. Sa voix commençait à s'éteindre; un député lui crie: « Malheureux, le sang de Danton t'étouffe! » Le sang d'un million de victimes, aurait-il pu dire avec plus de vérité.

Robespierre quitte enfin ce poste, et, dans son désespoir, essaie de chercher un refuge parmi les députés échappés au massacre des Girondins: « M'abandon- « nerez-vous, leur dit-il, moi qui ne suis en proie aux « fureurs de la Montagne que pour vous avoir sauvés « tous; pour avoir, moi seul, arrachés à la mort

« soixante-douze de vos amis? Si vous me laissez mou-
« rir victime de mon humanité, je vous prédis que vous
« mourrez bientôt, vous, victimes de votre ingrati-
« tude. » Cependant ils détournaient les regards. Un député met le comble à sa confusion, en lui disant: « Retire-toi, scélérat, de ces bancs que tu souilles; « Vergniaud et Condorcet les occupaient! »

Un cri unanime se fait entendre : « Aux voix le décret d'accusation! » Robespierre le jeune demande à partager le sort de son frère. C'est un beau dévouement, qui eût mérité un plus digne objet. Couthon et Saint-Just, restés confondus, sollicitent en vain leur pardon, on les décrète, ainsi que Lebas.

Cependant les Jacobins et la Commune de Paris, tentent un effort prévu pour délivrer Robespierre et y réussissent d'abord. Au lieu de s'en effrayer, ses ennemis savent mettre à profit cette circonstance : « Rendons « grâces à la destinée s'écrie l'un d'eux : j'aime mieux « Robespierre révolté que Robespierre soumis. Il eût « fallu attendre son jugement; il est porté : mettons « Robespierre hors la loi.» L'Assemblée met hors la loi Robespierre, ses coaccusés, Henriot et la Commune. Barras est nommé commandant de la force armée. « En acceptant, je jure, dit-il de revenir vainqueur! » Il le fut en effet : Dieu avait marqué cette journée comme l'aurore du soulagement de la France.

Robespierre se tira un coup de pistolet qui lui brisa la mâchoire sans lui ôter la vie. Saint-Just avait prié Lebas de lui donner la mort : « Lâche, imite-moi ! » répondit celui-ci, en se faisant sauter la cervelle. Couthon, caché sous une table, agitait, sans force et sans volonté, un couteau qu'il n'osait approcher de son cœur. Robespierre jeune, s'étant jeté par une fenêtre, fut ramassé tout meurtri, mais encore en vie. Coffinhal, dans un accès de fureur contre Henriot, qui n'avait pas réussi à les sauver, le précipita par une croisée. Quoique horriblement mutilé il fut retrouvé respirant encore. Tous les membres de la Commune furent arrêtés.

Robespierre, dont on s'occupait le plus, recevait mille malédictions, qu'il pouvait encore entendre. Un ouvrier s'approchant de lui, le contempla quelque temps en silence, et s'en alla en s'écriant : « *Oui ! il y a un Dieu !*

La terrible agonie de ce scélérat offrait effectivement une éloquente protestation en faveur de la divine justice. Couvert de sang et de fange, sous les regards d'un peuple ivre de joie il fut traîné à l'échafaud le 10 thermidor à quatre heures du soir, avec ses principaux compagnons. Hélas ! la veille, en ce jour qui annonçait le salut, quatre-vingts regrettables victimes avaient arrosé le même échafaud de leur sang. Les barbares comités s'étaient bien gardés de faire prononcer un sursis ! En vain le peuple avait fait des efforts pour arrêter les voitures et sauver les condamnés. Henriot, arrivé avec une nombreuse escorte, avait fait continuer la marche fatale de cette même charrette sur laquelle il devait à son tour monter le lendemain.

Les 11 et 12 thermidor, quatre-vingt-trois complices de Robespierre, presque tous membres de la sanguinaire Commune, furent également exécutés. Le tribunal révolutionnaire eût à condamner son président Dumas, et son vice-président Coffinhal.

C'est ainsi que finit le règne de la Terreur, ce régime de sang dont le souvenir est demeuré en exécration dans la mémoire de tous les honnêtes gens.

Et, encore une fois, il s'est trouvé des écrivains qui ont prétendu excuser et même réhabiliter de tels hommes et de tels actes!

Le bon sens naturel en fera justice.

Mme J. DE GAULLE.

TABLE

Beaugency. — Typ. et Stér. Gasnier

BIBLIOTHEQUE NATIONALE DE FRANCE
3 7531 03972649 3

www.ingramcontent.com/pod-product-compliance
Ingram Content Group UK Ltd.
Pitfield, Milton Keynes, MK11 3LW, UK
UKHW012205240726
13966UKWH00002B/592

9 782011 931894